証言ドキュメント

大谷翔平と甲子園

上杉純也
JUNYA UESUGI

TOKYO NEWS BOOKS

目次

第3章

大谷翔平、高校2年生の秋―春

［2011年・秋―2012年・春］

第1章

大谷翔平の高校野球、はじまりの1年

2010年・春―秋

1994年7月5日、大谷翔平（ロサンゼルス・ドジャース）は岩手県水沢市（現・奥州市）に生まれた。姉体《あねたい》小2年時から水沢リトルで野球を始め、水沢南中時代は一関シニアに所属。中学3年時の春には主将として全国大会に出場している。2010年春に地元・岩手県の花巻東に進学。進路の選択肢は4、5校あったというが、花巻東を進学先に選んだ理由は、2009年春夏の甲子園で、春は準優勝、夏もベスト4に進出した際に、同校のエースとして活躍した菊池雄星（ロサンゼルス・エンゼルス）に憧れていたためだった。大谷は菊池の卒業と入れ代わるようにして入学したため、2人はグラウンドで時間を共有してはいないが、〝プロ入りした投手〟を育てたという実績、ノウハウが同校の佐々木洋監督以下、チームスタッフに残されていた点が進路選択のうえで大きかったと言えよう。

入学後、早くもその才能、素質が認められ、同級生の太田知将と共に春からベンチ入り。4番・ライトで公式戦に出場している。投手ではなく、野手としての起用となった理由は「まだ骨が成長段階にある1年夏までは野手として起用して、ゆっくり成長の階段を昇らせる」という佐々木監督の方針によるものだった。

この2010年春、チームは春の岩手県大会出場をかけた花巻地区予選から公式戦を始動。まず紫波《しわ》総合を19－1の5回コールドで大勝すると、続く遠野には5－4でサヨナラ勝ちし、順調に県大会へと駒を進める。この試合は4－2とリードした8回表に2点を奪われ、同点とされる苦しい展開となったが、土壇場の9回裏二死二塁から代打・杉田蓮人が中前に適時打を放ち、粘る遠野を振り切った。

迎えた春の岩手県大会1回戦。その相手は県内最大のライバル校・盛岡大附である。この強敵に対し、花巻東は無安打で先制するなど機動力でかき回し、わずか2安打で勝利。投手3人の継投で2－1のスコアで逃げ切っている。

2回戦の宮古商（現・宮古商工）戦も接戦となった。勝負を決めたのは2本の本塁打である。そのうち1本は2－2の同点で迎えた9回裏。連打で作った一死二、三塁から6番・中平蓮がライトスタンドへ放ったサヨナラ3ランホームラン。劇的な決着でベスト8入りを果たしたのだった。

一転して準々決勝の伊保内《いぼない》戦は17安打で大勝。その口火を切ったのが4番・大谷のバットである。1回表、二死三塁から先制の右前適時打を放つと、伊保内の好投手・風張《かざなり》蓮（元・東京ヤクルトなど）からこの回5安打を集中し、一挙4得点。6－4となった5回表には4点を加え突き放す。結局、14－5の7回コールドでの快勝となった。大谷はこの試合、4打数2安打2打点の活躍をみせている。

続く準決勝の大船渡戦は2－2の同点で迎えた7回裏、3連続四死球で一死満塁とすると、2番・長原拓の二塁内野安打で2点を勝ち越し。そのまま4－2で逃げ切り勝ちするも、大谷は4打数ノーヒットに終わっている。

いよいよ決勝戦、相手は久慈高校。花巻東は2回表の一死二塁から7番・高橋友の内野ゴロが三塁への悪送球を誘い、1点を先制。しかし、その後、追加点を奪えずに迎えた8回裏。先発の長原が集中打を浴び、3失点を喫してしまう。それでも直後の9回表に二死一、二塁のチャンスを作り、ここで打席には4番・大谷。しかしこの試合4打数ノーヒットと相手の左腕エース・菊地和大《かずひろ》に完全に抑えられていたそのバットが、この絶好の逆転機でも沈黙してしまう。結果、1－3で惜敗し、準優勝に終わった。

こうして県2位で春の東北大会へ進出することとなった花巻東。初戦で東日大昌平（福島）と対戦したが、この試合で放ったヒットはわずかに3安打と打線が沈黙。1〜3回にいずれも二死から安打で出塁したものの、後続が倒れ、中盤以降は無安打に押さえ込まれてしまった。5番ライトで先発出場した大谷も2打数2三振。途中で代打を出されている。試合は0－0で迎えた7回裏に一死一、二塁から先発の長原を代えて継投策に出たことが花巻東にとっては裏目に。2番手の吉田陵が二死満塁とされると、内野安打と右前安打の連打で2失点。8回裏にもエラーが絡んで1失点し、0－3の完封負け。県大会から課題とされていた打力不足が露呈する形での敗戦となったのである。

高校1年生の夏はあっけなく終わりを告げた

こうして夏に向けて打撃力アップが課題となった花巻東。大谷自身も高校入学後、初の公式戦を11打席ノーヒットで終える屈辱を味わうこととなった。迎えた夏の岩手県大会。初戦の花泉戦は10－1、続く金ヶ崎戦も10－1と2試合連続で7回コールド勝ち。春から大幅に組み替えた打線が結果を出した。ただ、2試合とも大谷の出番はなかった。

大谷が待望の夏の岩手県大会初出場を果たしたのは続く4回戦から。だが、その場面は盛岡中央に0－8と大きくリードされた6回裏。試合は花巻東が初回の2失策など守備の乱れからリズムを崩し、4回までに8失点。打線も精彩を欠き、わずか3安打。得点圏にランナーを進めるも、後が続かない。花巻東は試合の流れを引き戻すべく、大谷を投入。投手・大谷は1回を投げ、打者5人に対してヒットを許さず、与四球1、無失点。打者・大谷もその直後の7回表に初打席でツーベースヒットを放つなど、上々のデビューを飾った。しかし、試合の趨勢はすでに決しており、0－8での7回コールド負け。こうしてこの年の花巻東、そして大谷の高1の夏はあっけなく終わりを告げたのである。

3年生の引退後に結成された新チームで大谷はエースナンバー1を背負うこととなった。秋の岩手県大会出場を目指す花巻東は花巻地区の予選で紫波総合を7－0の7回コールドで、花巻農10－0の5回コールドで撃破。最後は大迫を9－2の8回コールドで下し、県大会進出を決める。特に大谷は大迫《おおはさま》戦では2番手で登板し、無失点投球を披露。打っても二塁打1本を放つ活躍でチームの勝利に貢献したのだった。迎えた秋の岩手県大会本選。花巻東は2回戦から登場し、久慈工相手に7－1の快勝を収める。大谷の出場はなかったものの、1回裏に厚楽《あつらく》雅史の2点タイムリーなどで一挙4点を奪い、主導権を握っての勝利だった。

続く準々決勝の黒沢尻北戦は初回から大谷のバット、そして走塁が試合を動かす。1回裏二死一塁から4番に座る大谷が一、二塁間を抜く打球を放つと、中堅寄りだった相手右翼手・高橋雅の深い守備位置を見逃さず、迷わず二塁へ。これが花巻東が仕掛けた〝ワナ〟だった。進塁を阻止しようと二塁に送球するが、前を行く一塁ランナーの高橋翔飛《しょうと》がスピードを落とさず三塁を回り、先制のホームに生還。この後も4回裏に一挙4得点。6回裏にも計4安打を集めて4点を奪い、9－0で7回コールド勝ち。投手・大谷は2番手で登板し、無失点ピッチング、打っては4打数1安打であった。

しかし、続く準決勝・一関学院戦で花巻東は思わぬ苦戦を強いられる。先発投手としてマウンドに立った大谷は2回裏、相手8番・九島匡平に右越え2点二塁打を喫すると、3回裏には3番・宮順之介にスクイズを許し、序盤で3失点。対する花巻東はしぶとく1点ずつ返していく。3回表に大谷自らの右前適時打で1点。6回表には一死二塁から9番・大澤永貴のバントが相手のエラーを誘う間に1点。続く7回表にはこの日2本目となる大谷の左中間適時二塁打で同点に追いついた。しかし、勝ち越し点が奪えないまま、延長戦へ突入。すると10回裏に無死一、二塁のピンチを迎えてしまう。最後は相手の1番・阿部悠に中越え二塁打を浴び、無念のサヨナラ負けを喫してしまう。

この試合、大谷は最速143キロを叩き出すなど球威で押しつつ、90キロ台の縦に割れるカーブと110キロ台のスライダーを織り交ぜて好投。相手打線を6安打に抑え8三振を奪うも、球が高く浮いたところを狙い打たれて4失点。最後のサヨナラ打は2ボールからの3球目、ストライクを取りに行ったストレートをはじき返されてしまった。

準決勝で無念の惜敗を喫した花巻東だったが、秋の東北大会へは3校が進出することができる。盛岡大附との3位決定戦に挑むこととなった。試合は4回表に大谷の中越え二塁打で先制するなど、12安打を放った花巻東が7回を終わって4－1とリードしていたが、5回裏から登板していた大谷が8回裏に突然崩れてしまう。なんと3本の適時打を浴び、まさかの3失点で同点とされてしまったのである。しかし同点で迎えた9回表に外野落球などで一死三塁として、3番の高橋翔が左犠飛。5－4で盛岡大附を何とか振り切った。この試合、投手・大谷は4回を投げて被安打4、奪三振4、与四死球4、失点3。打者・大谷は5打数2安打1打点であった。

こうして岩手県3位で秋の東北大会に進出した花巻東。しかし、好機にミスを連発し、不完全燃焼の形で初戦敗退してしまう。0－1と学法福島に先制された直後の1回裏、4番・大谷が右前に2点適時打を放ち逆転に成功するも、5回表に二塁打3本で2点を失い再逆転を喫する。すると6回表から大谷がリリーフ登板。しなやかな腕の振りから最速147キロをマークするなど快速球を連発。劣勢だった試合の流れを変えたかに思えたが、続く7回表だった。内野併殺狙いのプレーで悪送球が出て、1点を献上。打線は2－4で迎えた8回裏に2番・橘廉の右前適時打で1点を返し、続く9回表も一死二塁としたが、後続が連続三振し、万事休す。打線は得点機を作ったものの、ランナー二塁で2度の牽制死を喫するなど、痛いミスに泣いた。

この試合、大谷は打っては5打数3安打2打点。投げては4イニングで被安打わずか1、5三振を奪い、1失点という内容だった。しかし試合後には、「四死球で流れを悪くしてしまった。負けたこと、弱いことを再確認し、夏の甲子園を目指したい。次こそ先輩を勝たせたい」と2与四死球を悔やんでいる。将来は〝ドラ1、8球団の指名選手に〟。大谷があの有名な〝マンダラチャート〟を最初に作成したのは、この敗戦から約2カ月後のことである。

第2章

大谷翔平、高校2年生の夏

2011年・春―夏

2011年5月4日、大谷翔平の高校2年生時の花巻東の公式戦は、春の岩手県大会出場を目指す花巻地区予選から始まった。このときの大谷は前年秋から一冬を越え、たくましさが増していた。特に冬場の練習ではウエートトレーニングや走り込みで下半身を鍛えながら、夕食時に白飯7杯をノルマにしてパワーアップ。体重は10キロ増えて76キロとなり、太ももやお尻がひと回り大きくなった。その成果が出たのが4月29日に行われた聖光学院（福島）との練習試合だ。その前に行われた練習試合でも149キロをマークしていたが、この試合では自校のスピードガンがなんと151キロを表示。調子が上向いてきた時期に春の岩手県大会の予選が開幕する形となったのである。

注目の初戦の相手は花巻南。試合は19－0の5回コールド勝ちとなるのだが、大谷は投げては5回参考記録ながらも無安打無失点を達成。そして打っては第1打席から三塁打、本塁打、二塁打、単打の4打席でサイクルヒットを達成するなど、まさに独壇場。これ以上にないスタートを切った。続く花巻地区の代表決定戦では大谷は登板せず。それでも花巻農を14－0と5回コールドで圧倒し、春の岩手県大会進出を決める。

春の岩手県大会、5試合で大会通算11安打9打点の大活躍

だが、その初戦だった。いきなり県内最大のライバル校・盛岡大附と激突することとなったのだ。この強敵相手に、投打で躍動したのが大谷であった。初回の裏、一死一、二塁のチャンスで打席が回ると右前に弾き返して1点を先制。「追い込まれていたので、相手投手の決め球のスライダーに的を絞っていた」と狙い球をしっかりと捉えたのである。さらに四球で一死満塁とすると、6番・杉田蓮人が左越え2点二塁打を放ち、3-0。大谷はこの日、最速の142キロの伸びのある直球と抜群の球威で8回を除く毎回の13奪三振をマーク。さらに相手が直球狙いと分かると投球を変化球主体に組み立てる。鋭く曲がるスライダーやフォーク、チェンジアップと落ちる球を駆使し、相手には散発の3安打しか許さなかった。序盤に右足がつるアクシデントに見舞われながらも、4回表に与えた1点のみで完投。3-1で快勝した。

続く2回戦は岩泉が相手。大谷は先発を回避し、4番手での登板となった。しかし、相手主将の北俣翼に3点適時打を打たれるなど、6回表に一挙、6失点を喫してしまう。しかし

花巻東もその裏に2点、7回裏に3点、そして8回裏に1点を返して同点に持ち込む。最後は8－7。大谷が「本当に強かった」と認めたほどの苦戦のすえ、延長10回逆転サヨナラ勝ちでベスト8に進出したのだった。

準々決勝の釜石商工は一転して一方的な戦いとなり、11－1の5回コールド勝ち。投手・大谷の登板はなかったものの、打者・大谷は1回裏に先制の中前安打。3回裏には右越えの3ランホームランを放つなど、4打数3安打4打点の大活躍。ホームランに関しては、「内角球だったのでライトに行ったが、球を引き付けてセンター返しを心がけていた」とのコメントを試合後に残している。

準決勝は伝統校の盛岡一との対戦となった。この試合、大谷は先発登板し、6回を投げ、被安打5、10奪三振、2与四死球。公式戦自己最速タイとなる147キロを3度もマークするなど、抜群の球威で球場全体を支配した。圧巻だったのは4回裏。連打と四球で迎えた無死満塁で、配球をガラリと変えたのだ。常時140キロ台のストレートを見せ球にし、スライダーで勝負。盛岡一の6番・中村拓、7番・千葉貴を連続三振。8番・小野も三ゴロに打ち取り、難なく無失点で切り抜けている。快投を見せる大谷を援護したい打線は先発全員安打で10点を奪い、10－0の6回コールドで完勝。1回表に3番・大谷の先制中前適時打、5番・高橋翔飛の中犠飛、そして敵失で3点を奪うと、2回表、4回表は共に2番・大澤永貴の適時打で1点ずつ追加。攻撃の手を緩めず、計11安打で圧倒したのである。

いよいよ決勝戦。決勝戦に進出してきたのは9年ぶりの栄冠を目指す水沢であった。中学時代の先輩が7人もベンチ入りしており、最速141キロ左腕の佐々木大志は中学の1学年上のエースだったという大谷にとってはやりにくい相手。試合は1回表に1点を先行された花巻東がその裏、二塁打を含む4安打で一挙4点を取り、逆転。3回裏と4回裏にも加点し、6回裏には5番・高橋翔の三塁打で10点目を挙げる。結果、10－4で水沢を破り、2年ぶり5度目の優勝（前身の花巻商時代含む）を飾った。この試合、大谷はライトで先発出場し、3安打2打点。バットでチームを頂点に導いた。まずは1回裏だ。一死二塁の場面でライトフェンス直撃の適時二塁打を放ち、初回に打席が回ってきたこの大会4試合すべてで打点を記録。続く打席は3回裏無死から中越え三塁打、4回一死三塁の場面では中前適時打と固め打ち。サイクルヒットがかかった4、5打席目は左飛と右飛に終わったが、それでも5試合で大会通算11安打9打点の大活躍をみせたのであった。一方で投手・大谷もこの試合で最後の2イニングを投げ、被安打3、奪三振2、失点1。大会を通じてほぼ完璧なピッチングを披露したのである。

こうしてこの前年、準優勝に終わったリベンジを果たした花巻東。本来ならこのあとに春の東北大会が行われるはずだったのだが、この2011年は、3月11日にあの東日本大震災が発生。その影響で中止となった。そのため、7月に開幕する夏の岩手県大会までは練習試合を重ねるしかなかった。ところが、大会開幕の2週間前に行われた練習試合で大谷は左足を負傷してしまう。診断結果は〝左太もも裏の付け根の肉離れ〟。夏の岩手県大会での登板がかなり難しい状況になってしまったのである。果たして投手・大谷の登板はあったのか？

〝左太もも裏の付け根の肉離れ〟の診断。不安を抱えたまま、夏の岩手県大会が開幕

不安を抱えたまま、夏の岩手県大会が開幕。花巻東は2回戦から登場し、宮古水産と対戦。大谷は欠場したが、6回を除く毎回得点で相手を圧倒。8－0で快勝発進を飾った。

続く3回戦。福岡との試合で大谷は〝3番・ライト〟でこの夏の大会初出場。3打数2安打2打点の活躍でチームは7－0の7回コールド勝ちを収めた。試合は0－0で迎えた3回裏に花巻東が3点を先制。大谷は4回裏、二死三塁から中前適時打を放つと、6回裏の一死二塁でも右前適時打。2安打2打点と結果を残した。ただ、快打を連発した打者・大谷に対し、気になるのは投手・大谷の状態だった。試合前のシートノックにも加わらず、攻守交代時のキャッチボールもせず……と、徹底して肩の消耗を予防。「夏（の大会）は『流れが悪

いときにいくよ』と大会前に監督からいわれていた。本当は早く投げたいんですけど……」と試合後のインタビューで苦笑いした大谷。佐々木洋監督は「大谷はいい意味でマイペース。慣れさせなくてもいい投球ができるし、十分な経験もある」と、いまだ登板機会がないことについてこう説明したものの、完全に不安が払拭されたわけではなかった。

その不安が的中したのが、続く4回戦。久慈東との一戦だった。この試合も3番・ライトで先発出場した大谷は0－0の同点で迎えた6回表からこの大会、待望の初のマウンドへ。ところが、味方のエラーに自身の牽制悪送球も絡み、二死一、二塁のピンチを招くと、左中間への適時三塁打を打たれ、先制の2点を与えてしまう。その裏、チームは逆転に成功したものの、直後の7回表、二死一、二塁の場面で大谷の足がつり、ベンチに自ら交代のサインを送って無念の降板となってしまったのである。登板前から感じていた左太もも裏の違和感が消えず、1回⅔を投げて被安打2、与四死球2の4失点（自責点2）。それでもアウト5つのうち、3つを三振で奪い、打撃でも4打数1安打1打点。チームも5－4でサヨナラ勝ちし、ベスト8進出を決めたが、「痛みが治まらなかった。自分が出て点を取られてしまって申し訳ない……」と表情は晴れなかった。この試合以後、夏の岩手県大会のマウンドに大谷は登らず、打者に専念することに。準々決勝の大船渡戦は3番・レフトで出場し、4打数2安打1打点をマーク。試合は3回表に先制されるもその裏すぐに同点に追いつき、5回裏に一挙3点を勝ち越し。9回表に1点を返されたものの、6－2で振り切った。

いよいよ準決勝。花巻東は3番・ライトで出場した大谷が2四死球で出塁したものの、2打数ノーヒット。打線全体でも6安打だったが、効率良く4得点を挙げる。一方、対戦相手の盛岡四は14安打を放つも、8回を終わって無得点。9回表に3ランホームランが飛び出したものの、最後はリリーフ登板した2年生左腕・小原大樹が後続を断ち、4－3の接戦を制したのである。花巻東は先発した2年生右腕の佐々木毅の粘投が勝利を呼び込む形となった。

キャッチャーまでノーバウンドのストライク返球 決勝戦に勝利し、大谷、はじめての甲子園へ――

こうして2年ぶりに決勝戦へと駒を進めた花巻東。雌雄を決する相手は公立の雄・盛岡三である。試合は4回までは五分と五分、どちらも流れをつかむことができなかった。だが、5回表に花巻東は盛岡三のサード・神馬の悪送球をきっかけに二死二、三塁のチャンスをつかむと、打席には3番・大谷。ここで盛岡三の先発・安部は敬遠気味のストレートの四球で大谷との勝負を避け、二死満塁となった。この選択が盛岡三には裏目にでた。ここで花巻東は4番の主砲・杉田が三遊間を抜く2点適時打を放ち、均衡を破る。その後も1点を追加し、

3－0と試合の主導権を握った。一方の盛岡三は8回を除き、毎回ランナーを出すものの、最終的に残塁10。ホームベースが遠かった。特に大きかったのが3回裏だ。二死一、二塁から4番・佐藤がライト前にヒット。先制点と思われたが、ここでライトを守っていた大谷がキャッチャーまでノーバウンドのストライク返球。二塁ランナーを本塁でタッチアウトに仕留め、盛岡三に先制点を許さなかった。このとき大谷は佐藤の長打に備えて深めに守っていた。しかも状況は2アウト。打つと同時に走者は走るため、点が入る可能性はかなり高かった。それが本塁手前、余裕でランナーを刺したのである。まさにイチロー（元・シアトル・マリナーズなど）を彷彿とさせるレーザービームであった。打っても4打数2安打1四球をマーク。チームも6回表に2点を追加し、結局、花巻東は5－0の快勝劇で2年ぶり6度目の夏の甲子園出場を決めた。

ただ、やはり気がかりなのはこの岩手県大会6試合で1度も先発しなかった投手・大谷である。打者・大谷は5試合に出場し、17打数7安打で打率4割1分2厘、4打点をマーク。喫した三振はわずかに1つだった。対する投手・大谷は、わずか1試合の登板にとどまった。1回⅔を投げ、被安打2、奪三振3、与四死球2、失点4、自責点2。

試合後には「大会には間に合うと言われたけど、長引いた」とポツリ。全国の強豪相手に、チームが勝ち進むためには投手・大谷の完全復活が必須条件である。欠けたピースは果たして本番の甲子園までに戻ってくるのか？　注目の初戦、全国制覇を狙う花巻東、そして大谷翔平の前にとんでもない強豪が立ちはだかることとなる――。

／ドキュメント／

大谷翔平と甲子園

2年生の夏

2011.8.7

花巻東

×

帝京

大谷翔平がはじめて挑んだ甲子園。
その初戦の相手は名門・帝京高校だった。
後に日本ハムでチームメートとなる松本剛との激闘。
名将・前田三夫監督率いるチームとの
打者・大谷翔平、投手・大谷翔平、その戦いの軌跡を追う――

2011年8月7日、この日、1人の怪物が聖地・甲子園デビューを飾った。花巻東の2年生・大谷翔平である。第93回全国高校野球選手権大会2日目の第3試合。花巻東対帝京（東東京）という1回戦屈指の好カードとあって内野席は完全に満員。公式発表で4万4000人の大観衆が詰め掛けていた。特に帝京はこれまでに春夏合わせて3回の全国優勝を誇る、東京を代表する強豪。この大会もエース・伊藤拓郎（元・横浜DeNAなど。現在は社会人野球の日本製鉄鹿島でプレー）と、4番・松本剛（北海道日本ハム）というプロ注目のドラフト候補が投打の柱として君臨。優勝候補の一角と目されていた。

対する花巻東はセンターライン全員がまだ2年生。将来性の高い、若く勢いのあるチームとして注目されていた。その2年生の中でも特に高い評価を受けていたのが、身長191センチの大型右腕・エースナンバー1を背負う大谷翔平だった。大会前、スポーツ新聞紙上では大先輩・菊池雄星（ロサンゼルス・エンゼルス）以上とも評され、打ってもクリーンアップを任される逸材である。だが、一つ気がかりなことがあった。左太ももの肉離れのため、先の岩手県大会での大谷はライトのポジションを守り、投手としての登板はわずか1試合にとどまっていたのである。それも1回⅔を投げて、被安打2、奪三振3、与四死球2、失点4という成績に終わっていた。

先発は大谷翔平ではなく、小原大樹

果たせるかな、花巻東の先発は大谷ではなく岩手県大会で主戦投手を務めた背番号14、2年生左腕の小原大樹が甲子園のマウンドに立った。大谷は岩手県大会と同様に3番・ライトでの先発出場となった。左腕の小原は岩手県大会では4試合に登板し、21回を投げて被安打17、奪三振14、与四死球10、失点2と安定したピッチングを見せていた。ストレートの平均は120キロそこそこだが、球離れが遅い投球フォームということもあって、打者にとっては手元でピッと伸びてくる印象を与えていた。何より緩急とコントロールが生命線の技巧派スリークォーターであった。対する帝京の打線はチーム打率3割8分9厘、80得点、6本塁打。打率5割9分3厘、3本塁打、12打点の4番・松本剛を筆頭に、1年生でレギュラーキャッチャーの座をつかんだ9番の石川亮（オリックス）も打率4割2分9厘をマークするなど、切れ目のない強力打線が自慢。しかも先発9人のうち、6人が右打者である。そのため試合前のインタビューで花巻東を率いる佐々木洋監督は「今日のキーポイントは先発の小原が帝京の右打者のインコースを突けるどうか。これだけだ」とコメント。さらに「5回までは投げてほしい」とやや弱気のコメントを発していたほどであった。

試合は帝京の先攻、花巻東の後攻で始まった。その注目の小原の立ち上がり。右打席に入った1番・水上史康への3球目であった。強打の帝京打線相手に緊張していたこともあったに違いない。なんと内角を突こうとした球が水上の右膝を直撃してしまったのである。いきなり死球を与えて無死一塁となってしまう。しかし、2番・阿部健太郎と3番・伊藤拓郎には内外角への低めを丹念に突く配球で続けて中飛に打ち取り、これで二死。打席には4番・松本を迎える。松本は小原の配球を読んでいた。真ん中から内角に入ってくる緩いカーブをどんぴしゃりのタイミングでセンター前へポトリと落としたのである。1年生の夏から名門・帝京のレギュラーで活躍している松本らしい、技ありのバッティングであった。この一打で一塁ランナーは一気に三塁へ進み、二死一、三塁。帝京が一打先制のチャンスをつかみ、打席には5番・木下貴晶。このピンチに小原は初球は外角高め、2球目は内角低めと続けてストレートを投げ込み、たちまち2ストライクと追い込んだ。通常ならここで1球ボール球にするところだが、花巻東バッテリーの選択は3球勝負だった。投げ込んだのは内角高めへの変化球。これをうまく打たせ、詰まらせる。打球は平凡な飛球となって外野へ。これでピンチ脱出……かと思われた。しかし、この打球が甲子園特有の右から左へ流れる浜風の影響で中、左、遊の三者のちょうど真ん中に落ちるポテンヒットとなってしまう。幸運な形で1点を先制した帝京。花巻東にとっては打ち取った当たりだったが、不運な形での失点。この1点に動揺したのか、続くピンチの場面で小原は6番・高山裕太に対しては死球を、7番・金久保亮にはフルカウントから押し出しの四球を与えてしまう。帝京打線は少しでも間違えればどこからでも長打が飛び出す威圧感、怖さがあり、際どいところに投げなければ抑えられない。そのプレッシャーが小原を襲い、制球力という武器を奪ってしまったかに見えた。それでも続く8番・伊集院匡人を何とか左飛に打ち取り、帝京の初回の攻撃を2点で終わらせた。小原の投球は高めにほとんど行かない。ピンチが続いた場面ではあったが、その特長が大量失点を防ぎ、花巻東を救う形になったとも言えよう。

1回の裏、大谷翔平、甲子園での初打席はフォアボール

いきなり2点を追う形となった花巻東。その打線は岩手県大会6試合で本塁打こそ0本だったが、打率3割1分3厘で計35得点。特筆すべきは盗塁25と機動力のあるチームで、1番から9番まで足の速い選手を揃えている。しかも先発9人中7人が左打者。プロ注目の帝京のエース右腕・伊藤に対してはまさにおあつらえ向きの打線となっていた。

対する帝京の伊藤はこの2年前の夏の甲子園で1年生史上初となる最速148キロを投げ、一躍2年後のドラフト上位候補に躍り出ていた。しかしその後、スピードを追い求めるあまりにフォームを崩し、制球を乱すことに。加えて背筋痛に苦しみ、しばらく雌伏の時を過ごしていた。それでも最後となるこの年の夏は東東京大会・準々決勝の対修徳戦で7回参考記録ながら、ノーヒットノーランをマーク。決勝戦の関東一戦では9回を完投して被安打5、奪三振8、失点1。合計では3試合に登板し、19回1/3を投げ、被安打7、奪三振14、与四死球7、失点3と復調気配を漂わせていた。花巻東打線はこの伊藤を、得意の足を絡めた攻撃でどう攻略するのかが注目されていた。

その伊藤の立ち上がり。1番・太田知将が一塁内野安打で出塁すると、続く2番・大澤永貴の2球目にいきなり盗塁。これが成功し、無死二塁とチャンスを広げる。さらに大澤が死球を受けて無死一、二塁とすると、この絶好の場面で打席に立ったのが3番・大谷であった。岩手県大会の打撃成績は打率4割1分2厘、4打点。2年生ながらこの大会注目の強打者の1人に数えられていた。

一方の伊藤は、このピンチの場面で大谷に対し、どう攻めるのか。初球は内角へ食い込むスライダーがボールとなったものの、2球目はど真ん中へキレのいいスライダーが決まり、ストライク。3球目はストレートを選択したものの、外角に構えたキャッチャー・石川の意図とは違う逆球に。内角低めのボールとなった。そしてここでカウントを悪くしたくないバッテリーは内角へ得意のスライダーを投げ込む。この1球に大谷のバットが反応するも、当てるのが精一杯のファウルとなった。これでカウントは2－2となり、次の1球が勝負球かと思われた。しかし外角へストレートを投げ込むはずがまたしても逆球となり、内角低めへのワイルドピッチとなってしまう。これでランナーがそれぞれ進塁し、無死二、三塁。続く6球目もストレートを投げ込むも、大きく内角を外れるボールとなった。注目の大谷の甲子園初打席は四球という結果となったのである。

初回からの花巻東の追い上げ、2－2の攻防に

しかし、花巻東側からすれば、これで無死満塁とチャンスが広がった。だが、野球の格言で〝無死満塁は点が入りにくい〟とも言われる。特に直後の打者が倒れるとなおさらその確率が上がる。そのことを知ってか知らずか、ここから伊藤が本領を発揮する。4番・杉田蓮人と5番・橘廉を連続三振に仕留めたのだ。無死満塁がたちまち二死満塁となり反撃ムードも暗転、やはり無得点なのか……と思われた瞬間だった。続く6番の高橋翔飛が初球、真ん

中高めに甘く入ったスライダーを狙い撃ち。打球はセンター前へと抜ける2点タイムリーとなり、すぐさま2－2の同点としたのである。なおも二死一、二塁と一打逆転のチャンスが続き、7番・松橋朝也が放った打球は三遊間を真っ二つに抜け、レフト前へ。このとき二塁ランナーだった大谷は三塁を蹴って本塁を狙うが、帝京のレフト・髙山裕太が好返球をみせ、間一髪で本塁憤死。勝ち越しはならなかった。それでもすかさず同点に追いついた花巻東。試合は立ち上がりから点の取り合いとなったのである。

この流れに乗ったのが帝京であった。2回表、先頭の9番・石川が二飛に倒れるも、1番・水上が四球で出塁。2番・阿部は投ゴロに倒れるも花巻東の内野陣は併殺を取ることができず、一塁にランナーが残ってしまう。このわずかなスキを帝京は見逃さなかった。阿部は3番・伊藤の3球目に二盗に成功し、一打勝ち越しのチャンスを作る。ここで伊藤は右中間に運ぶ適時三塁打。続く4番・松本は二ゴロに終わるも、帝京は3－2と再びリードした。

二塁塁審が、慌てて身を屈め、打球を避けたほどの痛烈な当たり

1点のリードを許した花巻東はその裏、8番・小原と9番・佐々木隆貴が連続の空振り三

振に倒れてしまう。しかしここから1番・太田が死球で出塁すると、2番・大澤のセーフティーバントが三塁内野安打となり、二死一、二塁のチャンスを作った。ここで登場したのがこの日、2打席目となる大谷。聖地・甲子園に衝撃が走ったのはその初球だった。伊藤の投じた外角やや真ん中寄りのストレートを振り抜くと、鋭い金属音から放たれた打球は目にもとまらぬ速さでセカンドを守る阿部のグラブへ。やや正面左側への打球だったのだが、阿部の前には二塁塁審の加藤がおり、慌てて身を屈め、打球を避けたほどの痛烈な当たりだった。当然のようにざわつくスタンド。だが、帝京サイドとしては、打球を処理したセカンドの阿部が中学時代に陸上400メートルで全国3位に入るほどの身体能力の持ち主だったのが幸いした。目の前の二塁塁審とやや重なるような打球だったのだが、身をよじってキャッチ。まさにアスリートならではの〝咄嗟の反応〟だったと言っていい。この打球が抜けていたら、まず間違いなく右中間深くまで転がる打球になっていただけに花巻東の逆転は確実。その後の試合展開は大きく変わっていたはずだ。文字通り、打ちも打ったり、捕りも捕ったり。好プレーの応酬だったが、2回裏の花巻東の攻撃は無得点に終わった。

こうして一打逆転のチャンスを逃した花巻東だったが、自軍の打線の調子と相手エース・伊藤の状態を考えればまだまだ反撃の余地はある。そのためには先発の小原が帝京に追加点を与えないことが重要なポイントだった。続く3回表の帝京の攻撃で、先頭の5番・木下を四球で出塁をさせたものの、6番・高山を速球で見逃し三振に仕留める。7番・金久保に送りバントを決められたが、8番・伊集院を右飛に打ち取り、この試合初めて帝京に得点を与えなかった。

対する帝京のエース・伊藤もその裏の花巻東の攻撃を0で抑える。先頭の4番・杉田に中前安打を打たれ、5番・橘に送りバントを許したが、初回にタイムリーを放った6番・高橋翔を二ゴロに仕留める。この間、ランナーは三塁に進み、同点のピンチとされたが、最後は7番・松橋を三ゴロに仕留め、同点を許さない。こうして試合は2－3と花巻東が1点のリードを許した状態で中盤戦へと突入していくのだった。

「小原には5回までは投げてほしい」という佐々木監督の願いも虚しく、エース・大谷翔平を投入

4回に入り、試合はいきなり動く。花巻東の左腕・小原は3回こそ無得点に抑えたものの、上位打線が3巡目に回るこの回、帝京にさらなる追加点を許してしまう。先頭の9番・石川に死球を与えると1番・水上に送りバントを決められ、一死二塁のピンチに。ここで2回裏に大谷の打球を好捕した2番・阿部に左中間を破る適時三塁打を喫し、2－4と2点のリー

ドを奪われてしまう。さらに3番・伊藤には死球を与え、一死一、三塁とピンチを広げてしまう。花巻東の先発・小原はもともと制球力が良く、この日も強打の帝京打線相手にコーナーを丹念につく投球を披露したものの、「甘く入ると長打を打たれてしまう」と警戒しすぎたためか、制球力が微妙に乱れていた。3回⅓を投げ、被安打4ながらも与えた四球は3、死球は4。球数は66にもなり、佐々木監督の「小原には5回までは投げてほしい」という願いも虚しく、限界を迎えていた。しかもここで打席に入るのは右の強打者としてプロから熱視線を浴びていた4番・松本である。そしてこの場面で花巻東ベンチが動く。これ以上の失点を防ぐべく、佐々木監督はエース・大谷翔平の投入を決断したのだ。

大谷はケガの影響で岩手県大会での登板はわずか1試合にとどまっていた。ほぼぶっつけ本番でベストコンディションにはほど遠いと思われたが、投手用の黄色のグラブに持ち替えてマウンドへ。すると初球でいきなり148キロの快速球を披露したのである。この速球を松本のバットが確実に捉えた。打球はライトへの犠飛となり、帝京に貴重な追加点が入る。しかし大谷がここでマークした148キロは、彼自身にとって最速のストレートであった。この速球に力負けせずにしっかりと外野に飛ばした松本のバッティング技術はさすがドラフト候補。大谷の力を紙一重で上回ったと言えよう。その後、大谷は5番・木下、6番・高山と連続四球を与え、二死満塁とピンチを広げてしまうが、ここで7番・金久保を渾身の14

1キロストレートで詰まらせ二ゴロに。甲子園初登板ということもあってこの回、かなり力んでいた大谷だったが、なんとかしのいで松本の右犠飛による1点だけにとどめたのであった。

4回裏二死三塁、大谷翔平の第3打席はデッドボール

とはいえ、大谷の登板が花巻東ナインの闘志に火をつけたのは間違いない。その裏、先頭打者は途中からライトに入っていた8番・高橋知矢。高橋は見逃し三振を喫したものの、9番・佐々木隆が右中間を破る三塁打を放ち、一死三塁。ここで1番・太田は二ゴロに倒れたものの、三塁ランナーが生還し、まず1点を返す。続く2番・大澤が中前安打で出塁し、この日3打席目となる大谷に打順が回ってきた。ここで花巻東がもう1点を返すと試合が非常に面白くなる場面である。当然のように大谷への攻めは慎重になる帝京バッテリー。その初球は外角高めへボール球になるストレートだった。2球目は内角高めのスライダー。大谷はこの球をボールと判断したのか、見逃したものの、主審の判定はストライクとなった。3球目は外角へのスライダーを選択。高さはちょうど真ん中あたりに来たが、大谷はこれを見逃

しストライクとなる。そしてカウント1－2からの4球目だった。伊藤は内角高めにボール球となるストレートを投げ込んだのだが、この大谷の打席でしきりに盗塁を狙っていた1塁ランナーの大澤がここで二盗に成功、さらに帝京のキャッチャー・石川の悪送球も絡んで二死三塁となった。この絶好のチャンスに当然、大谷の打撃に期待を掛ける一塁側スタンド。だが、続く5球目に伊藤の投じた内角低めへのスライダーが大谷の左足の甲を直撃、死球となってしまう。治療のためベンチ裏に下がる大谷。この間、臨時代走として一塁には1番の太田が起用され、場面は二死一、三塁となり打席には4番・杉田。その2球目に太田が盗塁に成功し、二死二、三塁と一打同点のチャンスを作った。この絶好の場面で杉田は真ん中高めに入ってきた甘いストレートをライト前に弾き返したのだ。ランナー二者が生還し、試合は振り出しに戻る。

と、同時に帝京のエース・伊藤をマウンドから引きずり下ろすことにも成功したのである。伊藤は一塁に回り、代わってマウンドに登ったのは2年生左腕の石倉嵩也である。東東京大会では3試合に登板し、15回1/3を投げ、被安打4、16奪三振、与四死球4、失点3。得意球はカーブと縦のスライダー、さらに右打者の内角に食い込む〝クロスファイヤー〟を武器とする技巧派の好投手だった。だが、甲子園初登板の下級生投手にはまだ荷が重かった。石倉は最初の打者となる5番・橘を2－2と追い込むも暴投し、二死二塁と一打勝ち越しのピンチを招いてしまう。すると橘にも四球を与え、二死一、二塁に。さらに6番・高橋翔にも2－2から再び暴投し、二死二、三塁と一打2点の状況を作ってしまう。それでも落ちる球で高橋翔を何とか三振に切って取り、勝ち越しを許さなかった。5－5の同点となり、試合は大谷・石倉の両2番手投手のできいかんという展開となったのである。

ピンチを迎えた大谷翔平に不運なプレーが2つ続く

〝ピンチの裏にチャンスあり〟。野球界でお馴染みのこの格言が直後の5回表に現実のものとなる。帝京は伊集院に代わって8番に入った石倉が大谷の甲子園初奪三振となる空振り三振を喫したものの、続く9番・石川が中前安打で出塁。1番・水上は三飛に倒れ、二死一塁となるものの、2番・阿部が一塁への強襲安打を放ち、二死一、二塁とチャンスを作る。ここで大谷にとって不運なプレーが続けざまに2つ飛び出してしまうのである。次打者の3番・伊藤を2－2と追い込んでから投じたのは真ん中低め150キロのストレートだった。これを強引に引っ張った伊藤の打球は強い当たりの三ゴロとなったが、なんとこの打球を花巻東のサード・橘が後ろに弾いてしまう。さらに打球を追おうと立ち上がった瞬間、二塁ランナーの石川が走ってきて、2人が交錯する形となってしまったのだ。石川は三塁でストップするが、走塁妨害でのホームインが認められ、またも帝京が1点を勝ち越すことに。

なお二死一、二塁とピンチは続き、迎える打者は4番・松本。これ以上の失点は避けたい大谷は初球真ん中に得意のスライダーを投げ、ファウルを打たせた。そして1ストライクからの2球目は真ん中から低めに落ちるスライダーで空振りを取り、これで2ストライクとなった。しかし次の場面、リードの大きかった二塁ランナーを刺そうとキャッチャーの佐々木隆貴が二塁へ送球を試みるが、これがセンターへ抜ける大暴投となってしまう。この悪送球で二塁ランナーが生還し、5－7とまたも2点差がついてしまった。なおも二死三塁とピンチが続いたが、これ以上の追加点を許さないのが大谷の真骨頂。2ストライクと追い込んでから投じた3球目は外角高めのスライダーだった。これを打ち返した松本の打球は風の影響もあり、もう一つ伸びがなかった。大谷は松本を左飛に打ち取り、ピンチを脱したものの、花巻東内野陣の守備の乱れから再び2点のリードを追いかける展開となってしまった。5回の裏、今度は花巻東の反撃が期待されたが、下位打線から始まるこの回は7番・松橋と8番・高橋知がともに一ゴロ。9番・佐々木隆が速球を見逃し三振と三者凡退に終わった。試合は7－5と帝京が2点をリードして後半戦へと突入していくこととなった。

迎えた6回表、大谷は帝京の5番・木下の頭に死球を与え、先頭打者の出塁を許してしまう。続く6番・高山は三塁線への送りバント。この打球をなんと大谷がファンブルして打者を生かしてしまうのだが、この直後の大谷はオーバーランした二塁ランナーを見逃さなかった。見事に刺して1アウトを奪うと、続く7番・金久保を二飛に仕留めこれで二死一塁。さらに8番・石倉を138キロの速球で空振りの三振に仕留め、この回の帝京の攻撃を無失点で切り抜けたのである。

大谷のバットが一閃、甲子園に詰めかけた大観衆への〝セカンドインパクト〟

すると6回の裏だった。花巻東は1番・太田が右越えの三塁打を放つと、2番・大澤が死球を受け、無死一、三塁のビッグチャンスを迎えたのである。ここで登場したのがこの日、4打席目となる大谷だった。帝京の2番手投手・石倉にとってはこの日、大谷とは初対戦となる。その注目の初球は外角へのストレート。コースを大きく外れるボール球だった。否が応でも大谷の長打を警戒する帝京バッテリー。対する花巻東ベンチはこの帝京バッテリーを揺さぶろうと続く2球目になんと大谷が偽装スクイズを仕掛ける。これを見た石倉は外角に大きく外したのだが、三塁ランナーは動かず。この間に一塁ランナーの二盗が決まって無死

二、三塁とチャンスが拡大。そして次の3球目だった。甲子園に詰め掛けた大観衆は〝セカンドインパクト〟に襲われることになる。カウント1－1から石倉が投じたアウトコースのストレートに大谷のバットが一閃。すると打球は瞬く間にレフトフェンスを直撃したのである。二者が生還する同点タイムリーとなったのだが、当たりが良すぎて大谷は一塁にストップするハメになってしまう。この強烈な当たり、引っ張ったのではなく、アウトコースの球に対して逆らわずに流し打ちした点が大谷の非凡なバッティングセンスを物語っていた。しかもあと2～3メートル打球が上がっていたら、間違いなくスタンドインしていたと思われる。それほどもの凄い打球であった。

ついに飛び出した大谷待望の甲子園初安打。同時にこの一打はチームを救う値千金の同点打でもあった。こうして1～3番の2年生トリオ3人で試合を振り出しに戻し、なおも無死一塁と逆転のチャンスを迎える。さらに畳み掛けたいところであったが、ここで帝京の2年生左腕・石倉が踏ん張った。続く4番・杉田は送りバント失敗で一死一塁。5番・橘には二ゴロを打たせ、これで二死一塁とし、ランナーを進塁させなかった。次の6番・高橋翔には四球を与え、二死一、二塁としたものの、最後は7番・松橋を投ゴロに仕留め、逆転を許さなかった。3度リードした帝京に対し、3度追いついた花巻東。だが、気がかりなのは同点とした後のチャンスを生かせず、1度としてリードを奪えていない点であった。

大谷翔平VS松本剛 激闘の果てに……

直後の7回表、大谷は先頭打者の9番・石川にカウント2－2から投じた143キロの内角高めストレートを捉えられ、左中間突破の二塁打を浴びてしまう。しかし続く1番・水上が試みた送りバントを素早いフィールディングで処理し、三塁でランナーを刺して一死一塁に。ここで打席に入る2番・阿部はこの試合、タイムリーを含む2本のヒットを放っていた。好調の阿部にそのまま打たせるという手もあったが、帝京の前田三夫監督は送りバントを指示。二死二塁となり、3番・伊藤との勝負を迎えることに。次打者には4番・松本が控えているだけに、大谷としてはここで切っておきたいところだった。その目論見通り、カウント2－2から投げ込んだフォークボールで空振りの三振を奪った……はずであった。ところがあまりにもキレが良すぎてワンバウンドとなり、キャッチャーの佐々木隆が後ろに逸らすワイルドピッチとなり、振り逃げで伊藤が一塁に生きてしまう。これで二死一、三塁となって、打席には帝京にとって最も信頼のおける4番・松本が向かう。状況的にはエラー、パスボール、ボークなどヒット以外でも点が入る。無理に勝負せず、満塁策を取るという手もあったが、大谷・佐々木隆のバッテリーは敢然と勝負に出た。初球は外角低めに決まる98キロの緩いカーブ、これを松本が見送ってストライク。2球目は外角低めへの147キロのストレート。素晴らしい速球だったが、松本は見切っていた。ストライクコースからわずかに外れるボールであった。3球目は外角低めへの121キロのスライダー。これを松本は何とかバットに当ててファウルとした。初球から3球続けての外角攻め、そして緩急をつけたピッチングを展開する大谷。カウント1－2となってまだ余裕のあるバッテリーだったが、この配球を読んでいた松本は外に狙いを定めていた。そこに大谷が投じた4球目はまたもアウトコース。高さは真ん中よりやや高め、146キロのストレートだった。次の瞬間、松本のバットは迷うことなくこの直球を捉え、逆らわずにライト前へ運んだ。まさにお手本のような〝右打ち〟で殊勲の勝ち越しタイムリーとなり、スコアは8－7。実に4度も帝京にリードを奪われてしまった。さらに、ライトの高橋知が打球を弾き、二死二、三塁。なおもピンチが続いたが、大谷は踏ん張った。5番・木下を三飛に打ち取り、この回を最少失点でしのいだのである。

その裏、またも1点のビハインドを追うことになった花巻東の攻撃は先頭の8番・高橋知が空振りの三振に倒れたあと、9番・佐々木隆が遊ゴロ失で出塁し、一死一塁のチャンスをつかむ。続く1番・太田はこの試合、2安打と当たっているだけに期待されたが、カウント

1－3から内角高めのボール球を打ってでて、ファウルとなったことが裏目に出てしまう。結局フルカウントからまたも真ん中高めのストレートを打って左飛に倒れてしまった。次打者はこの日初打席、途中からセカンドに入ったキャプテン・菊池倭。3番・大谷に繋ぎたかったところだが、最後はアウトコースいっぱいに決まる石倉の136キロのストレートの前にあえなく空振り三振を喫してしまった。

その直後の8回表。帝京の先頭打者・6番の高山をストレートの四球で出塁させたことがきっかけとなり、大谷はまたもピンチを背負うこととなる。ここでもう1点取りたい帝京ベンチは7番・金久保に送りバントを指示。するとこの打球を大谷が好フィールディングで処理し二塁で封殺に。さらに併殺を狙ってショートの太田が一塁に送球。タイミング的にはアウトだったが、ここでファースト・杉田の足が離れセーフになってしまう。今日2度目のバント阻止となったものの、状況的にはアウトカウントが一つ増えただけ。さらに次打者の8番・石倉には10球粘られた挙句、またも四球を与えてしまった。一死一、二塁となり迎える打者は1年生ながらもこの日、大谷から2本のヒットを放っている9番・石川。いずれも威力のある大谷のストレートに対して力負けせずに弾き返していた。そしてこの場面で大谷は攻め方を変える。初球に外角への緩いスローカーブ、2球目は内角への137キロのストレートと緩急を使ったピッチング。2球で追い込むと3球勝負を選択し、最後は外角へ投げ込んだスライダーで注文通りの遊ゴロ併殺に仕留めた。大谷の球はやや高かったものの、花巻東内野陣も好守備を見せ、守りきったのである。9回裏の攻撃は大谷から始まる。まさに自分自身の打席に勢いをつける渾身のピッチングであった。

大谷翔平、甲子園で、最初で最後の三振を喫する

だが、その前に立ちはだかったのが、帝京の左腕・石倉である。この日の大谷のバットはストレートでも変化球でも甘い球はしっかりと捉えており、石倉としては甘い球だけは禁物。持ち味の低めの制球力を存分に発揮して細心の注意を払って攻めたいところだった。その注目の初球は内角への緩い変化球。これに大谷のバットは反応し、思いっきりスイングするもファウルとなった。2球目は外角低めの変化球。スイングを誘った球だったが、大谷のバットはピクリとも動かず、判定はボールとなる。これでカウント1－1となった3球目。またも内角への緩い変化球。これを打ちにでた大谷だったが、あまりに厳しいコースだったため、窮屈なスイングとなり、打球はファウルに。これでカウントは1－2。ストライクと見れば積極的にバットを振ってくる大谷に対し、投手優位のカウントに持ち込んだ石倉。もう1球

ボール球を投げられることもあり、4球目は外角高めへのストレートを選択。際どいコースを突くボールとなった。カウント2‐2となり、次の1球が勝負球となる。ここで石倉＝石川のバッテリーが選択した球は外角いっぱいの低めへ決まるスライダーだった。この1球に大谷のバットは全く手が出ない。これ以上ないというアウトコースへの1球に見送りの三振を喫した。この打席でバッテリーは内外角の横幅をいっぱいに使った攻めを見せ、大谷を翻弄した。まさに勝負球から逆算したかのような好配球。対する大谷はこの打席での三振が彼自身、甲子園で喫した唯一の三振となったのである。

大谷の三振で反撃ムードに待ったをかけられた花巻東。このあと4番・杉田は二ゴロに倒れ2アウト。5番・橘は左前安打を放ったものの、6番・高橋翔は一ゴロとなり、無得点に終わる。同点まではたったの1点。ただ、これで花巻東に残された攻撃はあと1イニングのみとなってしまった。

ついに迎えた最終回。9回表の帝京の攻撃は1番から始まる好打順である。まず1番・水上を1球で三飛に打ち取る。このままきっちりとアウトを重ねて、その裏の自軍の攻撃に結びつけたいところだった。しかしそうはさせないのが名門・帝京である。2番・阿部が左前安打で出塁。これで3番・伊藤がゲッツーを避けることができれば4番・松本に回る。かたや花巻東は伊藤に内野ゴロを打たせて併殺に仕留めたいところ。その注文通り、大谷は低めの球を打たせて三ゴロに仕留めるが、二塁から一塁への送球が高くなり、ランナーが残ってしまった。打者の松本は東東京大会で3本のホームランを放っており、長打力にも定評がある。ここで一発長打が飛び出せば貴重な追加点が入る場面。逆に大谷としては絶対に1点もやれない状況である。注目の対決は初球がボールとなる外角低めへのスライダー、2球目が内角高めへのストレートが抜けてボールとなった。3球目は外角の高めにスライダーが決まってストライク。何とか松本を抑えるべく、内と外を丁寧に投げ分ける配球となっていた。そしてカウント2－1からの4球目。大谷が投じたのは真ん中から落ちる変化球だった。この球に思わずバットが出てしまった松本は結果、捕ゴロに。大谷は相手に追加点を許さなかった。

9回裏、花巻東のアルプススタンドから一段と大きな声援、そして拍手の嵐が甲子園に広がっていった

そして土壇場の9回裏。同点へ向けて先頭打者を出したかった花巻東だが、7番・松橋は石倉のスライダーの前に見逃し三振に倒れてしまう。しかし代打の山本英が左前安打で出塁。すると一塁側の花巻東アルプススタンドから一段と大きな声援が。声援の輪は三塁側に陣取

る帝京側を除く球場全体へと広がっていった。甲子園球場特有の〝判官贔屓〟もあっただろう。だが、それよりも花巻東を後押ししたいという空気に包まれたのにはある大きな理由があった。というのも花巻東ナインはこの約5カ月前、あの東日本大震災に直面していたからだ。花巻東の同点劇を期待する大声援に、明らかに気圧される帝京ナイン。特に石倉＝石川のバッテリーは完全に浮き足立っていた。すると次打者の9番・佐々木隆の初球。花巻東は一塁代走に出た佐々木泉が意表をつき、二塁盗塁を成功させる。一打同点のチャンス到来。そして逆転サヨナラへ向けてより一層大きくなる花巻東への応援……。誰もがドラマを期待した瞬間だった。だが無情の宣告が待っていた。

球審の若林が〝守備妨害〟をコールしたのである。これで打者・佐々木隆はアウトに。二塁に進んだはずの佐々木泉も一塁に戻されてしまった。石倉が投じた外角への球にセーフティーバントを試みた際、佐々木隆が打席から前に出て帝京のキャッチャー・石川の二塁送球を邪魔したと判断されたのだ。この不運なプレーで二死一塁となりチャンスが消滅。一気に花巻東を後押しする声援、反撃ムードがしぼんでしまう。最後は1番・太田が当てただけのバッティングで二ゴロに倒れ、試合終了。こうして花巻東の、そして大谷翔平の高校2年の夏が終わりを告げたのである。

3打数1安打、2打点、1三振(打者・大谷) 5回⅔ 被安打6、奪三振3、与四死球5、失点3、自責点1、球数105(投手・大谷)

この試合で打者・大谷は3打数1安打、2打点、1三振。6回裏に一度は同点に追いつく痛烈な左翼フェンス直撃弾を放ち、その長打力を大いに印象づけた。一方、投手・大谷は4回表1死の場面からリリーフ登板、5回⅔を投げて、被安打6、奪三振3、与四死球5、失点3、自責点1、球数105。マウンド上では何度も何度も屈伸を繰り返していた。すべては岩手県大会直前の練習試合で負った左太ももの肉離れが原因だった。いや、左太ももの肉離れかと思われていたが、甲子園後の精密検査で骨端線損傷という大きなケガだったことが判明。いずれにせよ、帝京戦での大谷は万全な状態ではなかった。投球時のストライドを通常よりも縮め、下半身に負担がかからないフォームで投げ続けるしかなかったのだ。それでも5回表、帝京の3番・伊藤と対峙した場面で、大谷は150キロを計測。これは2005年夏に駒大苫小牧(南北海道)の田中将大(読売)がマークした2年生投手としての甲子園最速記録タイとなったが、それでも大谷の顔が晴れることはなかった。ケガを抱えながらのマウンドで叩き出した〝150〟は大谷に秘められたポテンシャルの高さを見せつけるものであったが、本来のボールではないことは明らかで常にストレスを抱えたままのピッチングを強いられたのだ。

試合後に「腰を落とすと痛くて……下半身を使えなくて上半身だけのピッチングになってしまいました」「投げられる状態ではなかったけど、チームのために勝ちたかった」と語ったように気迫の投球を披露し、投手としての非凡な才能を覗かせもした。ただ、下半身を思うようには動かせなかった。毎回のようにピンチを背負いながら何とか踏みとどまるも、甘く入った球を帝京の強力打線は見逃してくれなかった。それでも打線は帝京を上回る12安打。3度先行されても3度追いつく粘りを見せ、大谷を盛り立てた。

しかし結果的には7回表に振り逃げされて自ら招いたピンチで失った1点が最後まで大きく響いた。スコアは7－8。ルーズベルトゲームといわれる好ゲームを展開するも、小原と大谷の2人で12与四死球、5失策。そして不運なプレーもあり、惜敗に終わった。それでも優勝候補相手に堂々と渡りあった濃密なる試合時間は、3時間6分。

試合後に大谷は主将の菊池倭にこう励まされている。「秋（季大会）、がんばれ」と。この言葉に「春、甲子園に戻ってきます」と涙をぬぐって誓った大谷。この誓い通り、翌12年の第84回春の選抜高校野球大会で大谷は再び甲子園にその勇姿を現すこととなるのである。

花巻東 vs 帝京

2011年8月7日／甲子園／観衆＝44000人

	1	2	3	4	5	6	7	8	9	計
帝京	2	1	0	2	2	0	1	0	0	8
花巻東	2	0	0	3	0	2	0	0	0	7

［帝京］

		選手名	打数	得点	安打	打点	HR	1	2	3	4	5	6	7	8	9
1	（中）	水上史康（3年＝右）	3	2	0	0	0	死球	四球		投犠	三飛		投ゴ		三飛
2	（二）	阿部健太郎（2年＝左）	5	3	3	1	0	中飛	投ゴ		中3	一安		投犠		左安
3	（投一）	伊藤拓郎（3年＝右）	5	0	2	1	0	中飛	中3		死球	三安		振逃		三ゴ
4	（遊）	松本剛（3年＝右）	5	1	2	2	0	中安	二ゴ		右犠	左飛		右安		捕ゴ
5	（右）	木下貴晶（3年＝右）	2	0	1	1	0	左安		四球	四球		死球	三飛		
6	（左）	髙山裕太（2年＝左）	1	0	0	0	0	死球		三振	四球		犠失		四球	
7	（三）	金久保亮（2年＝右）	3	0	0	1	0	四球		投犠	二ゴ		二飛		投ゴ	
8	（一）	伊集院匡人（2年＝左）	2	0	0	0	0	左飛		右飛						
	投	石倉嵩也（2年＝左）	2	0	0	0	0					三振	三振		四球	
9	（捕）	石川亮（1年＝右）	4	2	2	0	0		二飛		死球	中安		中2	遊併	
計			32	8	10	6	0									

	選手名	回数	打者	球数	安打	三振	四球	死球	失点	自責
	伊藤拓郎（右）	3 2/3	22	85	8	5	1	3	5	5
○	石倉嵩也（左）	5 1/3	24	98	4	6	2	1	2	2

[試合の記録]

- 盗塁　太田（1回）阿部（2回）大澤2（4回、6回）大谷（4回）
- 失策　大谷2（4回、6回）石川（4回）橘（5回）佐々木隆（5回）高橋知（7回）松本（7回）
- 走塁死　大谷（1回）木下（6回）石川（7回）
- 暴投　伊藤（1回）大谷2（4回、7回）石倉2（4回＝2）
- 守備妨害　佐々木隆（9回）
- 走塁妨害　石川（5回）
- 試合時間　3時間06分
- 審判　若林（球）大槻、加藤、北田（塁）
- 残塁　（帝京）14／（花巻東）12
- 併殺　（帝京）0／（花巻東）1

[花巻東]

		選手名	打数	得点	安打	打点	HR	1	2	3	4	5	6	7	8	9
1	（遊）	太田知将（2年＝左）	5	2	2	1	0	一安	死球		二ゴ		右3	左飛		二ゴ
2	（二）	大澤永貴（2年＝左）	2	3	2	0	0	死球	三安		中安		死球			
	二	菊池倭（3年＝左）	1	0	0	0	0							三振		
3	（右投）	大谷翔平（2年＝左）	3	1	1	2	0	四球	二直		死球		左安		三振	
4	（一）	杉田蓮人（3年＝左）	5	0	2	2	0	三振		中安	右安		一ゴ		二ゴ	
5	（三）	橘廉（3年＝左）	3	0	1	0	0	三振		一犠	四球		二ゴ		左安	
6	（中）	高橋翔飛（2年＝左）	4	0	1	2	0	中安		二ゴ	三振		四球		一ゴ	
7	（左）	松橋朝也（3年＝右）	5	0	1	0	0	左安		三ゴ		一ゴ	投ゴ			三振
8	（投）	小原大樹（2年＝左）	1	0	0	0	0		三振							
	右	高橋知矢（3年＝両）	3	0	0	0	0				三振	一ゴ		三振		
	打	山本英（3年＝右）	1	0	1	0	0									左安
	走	佐々木泉（3年＝左）	0	0	0	0	0									
9	（捕）	佐々木隆貴（2年＝右）	5	1	1	0	0		三振		中3	三振		遊失		守妨
計			38	7	12	7	0									

	選手名	回数	打者	球数	安打	三振	四球	死球	失点	自責
	小原大樹（左）	3 1/3	21	66	4	1	3	4	5	5
●	大谷翔平（右）	5 2/3	28	105	6	3	4	1	3	1

証言

前田三夫

帝京

大谷翔平と甲子園で戦い、打ち破った監督

大谷翔平2年生の夏、はじめての甲子園。
初戦でぶつかったのは、数々の死闘を制してきた
名将・前田三夫が率いる帝京高校だった。
大谷を打ち破った名将が見たものとは——

写真 星川洋助

前田三夫（まえだ・みつお）

1949年生まれ。千葉県出身。木更津中央高校（現・木更津総合高校）から帝京大学に進学。72年、同大学を卒業すると練習を手伝っていた縁で帝京高校の野球部監督に就任する。78年の春の選抜で甲子園初出場を果たし、以後、春夏合わせて26回甲子園に出場。夏は2度（89年・95年）の優勝、春は1度（92年）の優勝と2度（80年・85年）の準優勝を誇る。甲子園春夏通算で51勝（23敗）をマークし、2021年夏の東東京大会準決勝の対二松学舎大附属戦での敗退をもって監督を退任。奇しくもこの花巻東戦での勝利が監督として甲子園最後の勝利となった。現在は同校の名誉監督として、野球部の指導に携わっている。

——大谷翔平擁する花巻東と夏の甲子園で対戦したのは2011年の第93回大会だったんですが、実はその年の春に花巻東と練習試合をする予定だったと。ただ、東日本大震災が起きた影響で中止になったと聞いています。

前田三夫（以下、前田） ああそうですか。よく覚えていないんですが、花巻東の佐々木（洋）監督とはね、その前から面識があったので、そういう話はあったかもしれませんね。

——もし、練習試合が予定通り行われていたら、その時点で確実に〝大谷翔平〟という選手の存在を認識していた可能性は高かったんじゃないかと。

前田 そうですね。そう思います。ただ、かなり前から大谷くんの噂は聞いていましたよ。

——あの年の夏の甲子園の下馬評では帝京は優勝候補の一角に名を連ねていました。その帝京と初戦で対戦することになったのが、センターラインを2年生で固めていた花巻東です。伸び盛りのチームで、しかもその中に大谷翔平という翌年のドラフト上位候補がいるということで、組み合わせ抽選の終了時には1回戦屈指の好カードと言われていました。

前田 花巻東はあの2年前ですか。2009年の春に準優勝、夏はベスト4という好成績を収めて一躍全国区になったんですよね。そのときに活躍した中心メンバーに菊池雄星（ロサンゼルス・エンゼルス）投手がいたわけですが、そのころから菊池くん以外にもいい選手が集まってきていました。さらに当時から小技を使った攻撃が特徴的で〝切れ味〟があったんです。そういうチームでしたから、かなりこれは手強いなという印象がありましたね。

長年監督をやって、何回も甲子園に出してもらっていますけど、あの大谷くんの打球は見えなかったんです

――となると、だいたいのゲームプランといいますか。勝つとしたら何対何くらいのスコアになるなっていうのはどの程度試合前に思い描いていたんでしょうか？

前田　あのときは大谷くんは2年生だったんですが、それにもかかわらず、かなりの評判を聞いていました。ただ、事前情報で故障しているという話が入ってきたんですよ。そういう選手を初戦の先発投手に起用するのかなと。

――直前の岩手県大会ではほとんど投げていないですし。

前田　そうはいっても地方大会と甲子園ではやっぱり違いますからね。甲子園では投げてくるのかなと。ということはウチに当ててくるかなという警戒はしていましたね。そして対戦のプランとしては、相手はやっぱり〝足〟を異様に使ってくるし、打っても集中打がありますからね。この足と集中打である程度の失点は覚悟しなきゃいけないと。守ってもピッチャーには主戦投手の大谷くんがいると。この大谷くんに抑えられたら、ウチの完敗だろうなと。

負けるとしたらこういう展開だろうなと思っていました。ですからとにかくそんなには点数はやれないなと。そんなふうな考えでいましたね。

――いざ試合が始まると1回表に帝京が花巻東の先発左腕・2年生の小原大樹投手を攻めて2点を先取。ただ、その裏に花巻東が反撃してすかさず2－2の同点に追いついています。その過程で3番・ライトで先発出場していた大谷選手をフォアボールで歩かせてピンチが広がっているんですが、バッテリーに向けては打者・大谷に対する攻め方の指示のようなものはあったんでしょうか？

前田 そのときまで実際の大谷くんの打撃を見たことがないですからね。ただ、もちろん警戒はしていましたよ。だから「甘いところに放るなよ」と。まっ、それだけは言ったかもしれません。相手チームの中で「大谷くんが一番いいバッターだからな」っていうことでね。まぁ、実際に見たらまだあの当時は身体が細かったですからね。それでもやっぱり柔らかい動きと柔らかいスイングをしているなと。これは攻めどころを間違えたら確実に打たれるだろうなと。そういう感じで見ていましたよ。やっぱりあの柔らかさですよね。インコースでもアウトコースでも、また変化球でも何でも対応できますからね。あの柔らかさがあれば。

――その後、帝京が2回表に1点を勝ち越すのですが、花巻東もその裏に2アウト一、二塁のチャンスを迎えます。ここで打席に入ったのが3番・大谷選手でした。結果は外角低めのストレートを初球から打ってでて、セカンドライナーに倒れます。二塁を守っていた阿部（健太郎）選手がこの打球をジャンプして捕球したんですが、打球がかなり速かったですよね。

前田　はっきり言ってね、大谷くんの打球は〝危険〟ですよ。危ない。僕は長年監督をやって、何回も甲子園に出してもらっていますけど、あの大谷くんの打球は見えなかったんです。打った瞬間にもう「やられた！」と思いましたよ。いい音しましたもんね。それでね、「アレ？打球はどこに行ったんだ」と思ったら、阿部が身をよじって捕っていたんですよ。そのときに僕が思ったことは「これは普通のセカンドじゃ捕れないな。危ないな」と。何しろ僕には見えなかったんですから。

――しかもあの打球、阿部選手の正面やや左側に飛んだんですが、目の前に二塁塁審がいたんですよ。ちょっと審判と重なるような感じでキャッチしているんですね。

前田　阿部という選手は中学のときに陸上（400メートル走）で全国第3位になってるくらいのアスリートだったんです。その阿部が身体をよじってね、身を挺して捕りましたからね。いやこれはもう危ないなと。高校生には危険だと思ってね（苦笑）。

――あれが抜けていたら、その後の試合展開は完全に分からなかったと思います。

前田　そうですね。阿部が咄嗟に反応したというか。本当にうまく捕ってくれました。僕にはあの打球が見えなかった。頭の中にはあの打球は残ってないんですよ。大谷くんのスイングと阿部が打球をキャッチしたときの体勢、その光景しか覚えていないんです。その間を繋ぐ〝打球の軌道〟っていうのは記憶にありません。だから僕にとってあそこまで鋭い打球、そしてそんな打球を打つ選手っていうのは初めてでした。僕は星稜（石川）時代の松井秀喜（元・ニューヨーク・ヤンキースなど）とも試合をしたことがあって、そのときに松井くんは確かにいい打球を打っていました。でも〝見えない打球〟なんて今までなかったんですよ。

――ちなみに今、話に出た松井選手のいた星稜との試合って、1991年秋の明治神宮大会ですよね？

前田　はい、そうです。

――この翌年の夏の甲子園2回戦の明徳義塾（高知）戦で例の5打席連続敬遠事件が起こるわけですが、確かこの明治神宮大会の帝京との試合でも松井選手って5打席連続で敬遠されていませんでしたっけ？

前田　あれはね、5打席じゃなくて〝4打席〟です（笑）。しかもちゃんとキャッチャーが立っての敬遠じゃなくて、当初は「際どいコースを突けよ」と。ボールになってもいいんです。手を出してくれたら大儲けなんですから。でも彼は手を出さなかった。結果的に歩かせることになったんです（笑）。で、最後の打席では「もう勝負しろ！」と。このときは決勝戦だったこともあるので、「最後くらいは勝負してみろ！」と。そしたらものの見事に神宮第2球場の左中間にフェンス直撃の打球を打たれました（笑）。試合もね、8－13で打ち負けてしまいました。

普通は二塁打コースなんですが、あまりにも打球が速すぎて大谷くんが一塁でストップするしかなかった

――ここであえて聞きますが、高校時代の大谷選手と松井選手を比較するとどちらが凄いバッターでしたか？

前田　いや～松井くんも凄いバッターだったですけれどね。ただ、大谷くんのあの見えない打球を考えたら、もうゾッとするしかありませんよ。もう一つ付け加えると、あの試合ではその後、中盤から後半にかけてのイニングだったと思いますが、大谷くんがアウトコースの球を流し打った打席があって……。その瞬間にね、「いや～やられた！」と思いました。あのときの打球もやっぱり速かったんですよ。普通は二塁打コースなんですが、あまりにも打球が速すぎて大谷くんが一塁でストップするしかなかった。

――あれは6回裏の打席ですね。花巻東が5－7で負けていてランナーが2人出塁。ノーアウトでランナーが二、三塁という一打同点の場面で飛び出した2点タイムリーでした。

前田 もしもランナーが一、二塁だったら一塁ランナーはサードに行けなかったんじゃないかな。何しろ打球が早くてね、僕はもうライナーでレフト線上に落ちるのかなと思って見ていたんです。そしたらそのまま〝フェン直〟ですよ。あんな打球も見たことがなかった。もうちょっと角度が上がっていれば、スタンドインしていましたよ。あと30センチ上がっていればホームランになっていましたね、間違いなく。

――前田監督の率直な感想として、〝打者・大谷〟は凄いなと？

前田 いや、これは本当に凄いなと。ピッチャーとしての可能性も十分あるけれども、これはバッターに専念したらとてつもない選手になるなと。手足が長いでしょ。それに動きがしなやかだし、インコースの窮屈なところもさばけるし。もう、申し分ないんですよね、打者として。

――逆に投手としての大谷選手にはどのような印象を持ちましたか？ あの試合では帝京が4－2とリードしていた4回表の1アウトの時点でライトからマウンドに上がって、最後の9回まで投げています。結果、失点は3ですが、自責点にするとわずか1という内容でした。

前田 大谷くんの投げるスライダーが僕はもの凄く嫌でした。今、東北楽天（取材後、読売ジャイアンツに移籍）にいる田中（将大）くんが駒大苫小牧（南北海道）時代に投げていた高速スライダーとほぼ同じですよ。あのときは大谷くんがケガしているようだという情報が事前に伝わってきていて、本調子じゃなかったかもしれないんですが、それでもしなやかで、かつ切れ味があって、速くて、いい回転のスライダーを投げていました。先発投手ではなかったんですが、試合展開次第でどこかの段階で投げてくるだろうと。当然、このときに初めて対戦するわけですから、ウチの選手には「評判の高いピッチャーだから、やっぱり何かそれだけのモノがあるはずだ」と。なのでね、「相手の速球を引っ張れるのか？　引っ張れないと思ったら、もう右打者にはセンターからライト方向へ打てと。自分で判断しろ」という指示はしました。そしたらうちの選手はあの大谷くんの速球とスライダーを見たらやっぱり引っ張れないと思ったんでしょうね。みんな逆方向を狙っていましたよね。

「アウトコースを狙え！」と指示しました、逆に「インコースを狙うなら、下がれ！」と

――つまりは〝打者・大谷〟に関しても、〝投手・大谷〟に関してもその攻略法は試合をやっていくなかで選手個人個人に任せたという感じなんですね？

前田　もう、そうですね。その上であえて僕は聞きました。「どうだボールは？」って。すると「いや～かなり来ています」と答えた選手がいたので、続けて「振り切ることができる

か？」と畳み掛けたら、「インコースの球は無理です」と。「じゃあ分かった。アウトコースを狙え！」と指示しました。逆に「インコースを狙うなら、後ろに下がれ！」と。下がれっていうことはインコースの球を何とか真ん中にすること。もし、そこで振り切れるなら振り切れということなんです。逆にアウトコースを反対方向に狙うなら、「そのまま定位置で打席に入れ」と。

――そういう意味でいうと7回表の1点ですよね。場面は7－7の同点で、2アウト一、三塁という状況から飛び出した4番・松本（剛）選手（北海道日本ハム）の勝ち越しタイムリー。お手本のような右打ちでした。結局、この1点が決勝点になりました。

前田　打球が一塁と二塁の間をきれいに抜けていって……。あれは大きかったですよ。アウトコース低めのスライダーだったかな。それを逆らわずにライトヒッティングしたんですが、やっぱり彼はもう最初からね、それを狙っていましたよ。

――あの年の夏の東東京大会で松本選手はホームラン3本打っていましたよね？

前田　ああ、確かに神宮球場のレフトスタンドに入れていましたね。そういう振り切る力はやっぱりありましたからね。

――そんな長打力もある選手があの大事な場面で右打ちに徹したというのが、当時の帝京の強さだったのかなとも思うんですが。

前田　そうですね、もう右打ちは身体に覚え込ませるくらい練習していましたからね。大谷くんは非常にいいピッチャーではありましたし、警戒はしますけれども、その準備は常にしていたんですよ。当時の指導方針として、僕はバッターには流し打ちの練習から始めさせていたんです。その流し打ちがキッチリとできるようになってから、右バッターにはレフト方向に、左バッターにはライト方向に打たせるようにしていたんです。そういう土台を作ってありますからね。だから大谷くんのあの高速スライダーに「いや～対応できるかな」っていう心配はありましたけれども、ただ、その準備だけはしていましたからね。やっぱりその指示通り選手が打ってくれましたよね。

――〝投手・大谷〟についてそのほか何か気づいたことはありますか？

前田　あの試合を通じて大谷くんは低め低めに放ろうとしていましたよ。ただ、力が入る場面もあって暴投が何球かありましたからね。やっぱりケガによる練習不足っていうものもあったんでしょう。試合勘が戻っていなかったというか。ピッチャーってランナーがいないとき、もしくはランナーが一塁だけのときはそんなに慌てることはないんですよ。そういう平静に、もう平常心で放れるときっていうのはやっぱりいいボールが来るんです。でもあの試合は点の取り合いになって、常に試合が動いていましたから。だから低め低めっていう意識をもの凄く持って投げていましたよね。それを意識するあまり、やっぱり暴投に結びついてしまった感じでしょうか。それでも〝ボールを置きに行く〟っていうことはなかったんじゃないかな。

――あの試合では花巻東側にとっては不運なプレーもありました。5回表の帝京の攻撃の際に走塁妨害を取られて1点を献上したかと思えば、9回裏の攻撃の際には守備妨害を取られて打者がアウトになって、一打同点のチャンスをふいにしています。さらに打撃面でも帝京の10安打に対して12安打を放っているんですが、小原・大谷の投手陣は合わせて12四死球も与えてしまっています。エラーも帝京の二つに対して五つも記録していて、守りで自滅した感じがしました。

前田　花巻東は非常に洗練されたチームだったと思います。打撃面でも走塁面でもそういうイメージが強かった。ただ、やっぱりちょっと荒れたゲームをしてしまったなと。そういう意味でご指摘のようにミスが多かったのかなという印象がありましたね。だから花巻東にしてみればウチに対して荒れたゲームをやってくれた。いつもの花巻東だったら、相手のペースにさせないで自分たちのペースに持っていく。その持って行き方を知っているチームなんですよ。キッチリと今までの彼らのゲーム運びをしていたら、もうウチの負けもあったのかなと。12安打もしているわけですから花巻東の勝機は十分にあったと思います。実はこの試合以前の数年間、夏に花巻市で合宿をやっていたんです。だから相手の佐々木監督とは話もよくしていました。そういうこともあって、組み合わせで対戦相手がウチに決まったときに「帝京か、前田さんか」って。もう力んだんじゃないですか（笑）。

――逆に前田監督は佐々木監督のことは意識しなかったんでしょうか？

前田　うん、意識はしていなかったですね。先ほども言ったように「上手い野球をやるなぁ」と。それはありましたね。だからその花巻東のペースにウチが乗っかったらウチの負けだなと。もう乗らずにウチのペースで試合できれば勝てるかなと。ただ、大谷くんがいましたかられ、これはやっぱり先手先手で点を取ったほうが楽だなと。

大谷くんから取る1点は大きいですよ、最終的にはその取った1点の重さで勝ちました

――あの試合は帝京が点を取ったら花巻東も取り返すという展開で常に帝京が先行する形でした。最終的には帝京の4度目のリードで試合が決まりましたね。

前田　だから正直言って苦しかったですよ。点を取ってもすぐ追いつかれましたからね。もう選手には「自分たちのペースは乱すなよ」ということは常に僕は言っていたと思いますね。

――やっぱり1回も逆転されなかったということが大きかったんでしょうか？

前田　そうですね、常にリードしていた展開なのにいきなりそれが逆転されると慌てますから。もう慌てるとやっぱりバタバタしちゃいますからね。もし1点でも追い越されていたとするじゃないですか。するとね、大谷くんが調子悪いって言ったって人間っていうのはやっぱり気持ち一つでボールが変わりますからね。勝っているときと同点で競ってるときとではやっぱり精神状態が違うんです。どうしても勝っているときってボールの勢いが増してきますから。1点でも勝ち越されないように注意はしていましたよね。これは試合前から選手たちに言っていたことですが、やっぱり花巻東に勝つには「ウチが先制点を取らないといけないだろう」と。「相手は試合を作るのが上手いから、まずはもうそれを目指そうと」。そして「とにかくウチのペースで行こう」と。そういうなかで、リードして追いつかれてリードして追いつかれて。でも追い越されたことがなかった。1度も相手にペースを与えなかった。それがやっぱり一つの勝因ですね。そしてもう一つは大谷くんのスピードボールの感覚と精度を把握してのバッティングができたということでしょうね。つまりは強引なスイングをしなかったわけです。一つ一つ繋ぐ野球で点を取りましたから。大谷くんから取る1点は大きいですよ。やっぱり最終的にはその取った1点の重さで勝ちましたよね。

――もう一つ、あの試合のポイントだったと思うのが継投のタイミングです。5－2とリードしていた4回裏に先発したエースの伊藤（拓郎）投手が花巻東の反撃にあって、追いつかれてしまいます。そしてさん3回と2/3を投げたところでピッチャー交代となっているんですが、これはもう限界だと思われたわけですね？

前田　あれは僕の判断でしたね。やっぱりもう、相手打線にある程度打ち込まれていましたからね。

――同点に追いつかれてなおも2アウト一塁という場面で前田監督が送り込んだのが2年生左腕の石倉（嵩也）投手でした。あそこでスパッと代えたというのが帝京にとっては大きかったのかなと。

前田　そうですね。つまりああいう接戦になった場合だと、ピッチャーのボールの勢いや配球の度合いといったものをいろいろと見極めて代えないとやっぱりダメです。失敗しますね。その点に関しては、僕はもう常にベンチにいるときは代えどきは絶対に迷わないようにしていましたね。ダメだと思ったら、パチッと代えていましたよ。そのほうがやっぱり守っている選手もやりやすくなると思います。それがあの試合はカチッとはまりましたし、何より石倉っていうピッチャーも案外良くて、抑える力もありましたしね。これで石倉が打たれたら、もうウチは負けだと。そういう覚悟を持って彼に代えたんです。

大谷翔平をひと言で表すなら「危険」、あの打球は〝危険だ〟、〝危ない〟と思います

――その石倉投手が花巻東打線を2失点に抑えて最終的なスコアは8－7。激戦のすえ、帝京の勝利となりました。野球ファンにとっては白熱した、本当にいい試合でしたが、実際に試合をしている側としては大変だったんじゃないでしょうか？

前田　いや、本当に大変だったんですけどね。それよりもむしろ嬉しいっていう気持ちの方が大きいですよ。やっぱり大谷くんがね、日本のプロ野球であれだけの大活躍をして、今、メジャーリーグで大変なことになっているでしょ。僕自身やっぱりね、嬉しいんです。こんなに嬉しいことはないですよ。だからね、「大谷に勝った」って言ったら、みんなが「ウワ～」ってなりますもんね。大谷くんに関してはね、正直言ってまぁ、もう今僕は監督辞めていますけれどもいつも気にしていますよ。嬉しいものですよね。

――敵将がここまで相手チームの選手を気にしているっていうのもなかなか珍しいですよね？

前田　あれだけの選手はなかなか出てこないですよ。野球の実力はもちろんなんだけど、やっぱり〝人間性〟っていう部分でも大谷くんは抜きん出ている感じがしますよね。マスコミや周囲から高く評価されても決してうぬぼれないでしょ。そして人との会話もそうなんです

が、グラウンドにゴミが落ちていたらそれを拾ったりするとかね、常に気を配っていますよ。やっぱりあの辺の姿勢ですよね。それはご両親と今までの彼の指導者たちがちゃんと教育したっていうのもあるんでしょう。だから普通であればあれだけ騒がれれば、高校生くらいだったら有頂天になりますよ。でも彼はそうはならなかった。そのあたりが現在の大成功に繋がっているんじゃないかなと思います。だから僕らのような教育者、指導者はああいう選手を育てることですよ。一番の見本になりますから。それはもうやはり人間性を作ってやらないとあそこまでにはならないでしょうし、一指導者としてはそういうことをやっぱり引き継いでいかなきゃいけないですよね。

——改めて振り返ってみると、甲子園という夢の舞台であの大谷翔平と試合をすることができた。しかも勝つことができたというのは非常に大きな意味を持ちますね。

前田　本当に今の彼の活躍を見ると、あの当時のウチのメンバーは松本にしても石川にしてもね、鼻が高いと思いますよ。大谷くんと対戦したんだっていう、もうそれだけでね。彼らとしてみれば誇りになるんじゃないかな。それほどの選手ですよ。

——最後に〝大谷翔平〟という存在を簡単に言い表すとします。前田監督なら、どう表現しますか？

前田　いや～やっぱりそれは「危険」しかないでしょう。僕はそう思います。とにかく大谷くんのあの打球は高校生では捕れませんよ。正面に来たら大ケガしますよ。何せボールが見えないんだから。僕はもうあえて言います。「危険」「危ない」って。

証言

松本剛

帝京

甲子園で大谷翔平から逆転タイムリーを放った現・プロ野球選手

大谷翔平・夏の甲子園初戦は、帝京高校との一戦。

劇的な逆転タイムリーを放ち、8−7のルーズベルトゲームを制した選手は、後に日本ハムで大谷と共に戦うこととなる。

甲子園とプロ野球、双方での大谷翔平を見た者の視線にあったのは—

写真 ©H.N.F.

松本剛（まつもと・ごう）

1993年生まれ。埼玉県出身。右投げ右打ち。小学1年生のときから野球を始め、中学生時代には硬式の川口シニアでプレーし、世界大会で準優勝を果たす。高校では帝京に進学すると1年生の春からベンチ入りし、正遊撃手として2009年夏、10年春、11年夏と3度甲子園に出場している。11年のドラフト会議で北海道日本ハムファイターズから2位指名を受け、入団。プロ入り4年目の15年から持ち前のシャープな打撃力や俊足を生かすために外野手へと転向し、22年には首位打者とベストナインを獲得した。今や若手の多いチームを牽引する精神的支柱ともいえる存在となっている。

――まず、2011年の夏の甲子園初戦で花巻東との対戦が決まった瞬間のチームの雰囲気、または松本選手ご自身はどのような印象を持たれたのか教えてください。

松本剛（以下、松本）　まぁ、当初は正直どのチームが相手でもいいなっていうのはありました。ただ、対戦相手が花巻東って聞いたときにもちろん大谷翔平選手のことは知っていたので、決まった瞬間にひとことで言ってしまえば、「大谷との対戦だな」っていう雰囲気にはなりました。

――投手・大谷が凄いピッチャーだということはその時点で知っていたんですか？

松本　はい、もちろん。

――その当時、チームとして立てた投手・大谷の攻略法だったり、もしくは松本選手ご自身が考えた攻略法というと？

松本　昔から帝京高校は速い真っ直ぐに関してはかなり得意としているチームではあったんですよ。そういう意味では東東京大会から球の速い投手に対しての対策は練ってはいたので。ですから投手・大谷に関しても特別な対策というのはなかったです。

――それは具体的にはどのような練習だったのでしょうか？

松本　かなりの至近距離で、確か約10メートルくらいの距離でとにかく投手は全力投球する。その速球を見る、打つっていう感じの練習を繰り返していましたね。

――ただ、大会前から大谷選手はどこかケガをしているらしいという情報が流れていましたよね？

松本　そうなんですよ。ウチとの試合でも投手・大谷がマウンドに上がったのは途中からでした。大会の開幕前に流れてきた噂では大谷はケガしている、みたいな雰囲気になっていて……。

振り遅れはしましたけど、ライトへの犠牲フライになったのは覚えています

――岩手県大会では1試合しか投げてなかったですしね。

松本　なので、ウチには投げてこないんじゃないかとか。だから試合前に見た映像ではもちろん投手・大谷に加えて、違う投手の映像も見た記憶があります。

――その映像を見たときの大谷選手の印象を教えてください。

松本　年が一つ下だったのに、「いや、凄い投手がいるな」っていうのと同時に打者としても凄いっていうのをそこで聞いて……。ただ、打撃に関しては正直、対戦するまでに僕は映像を見ていなかったんです。実際に試合で打者・大谷のバッティングを見て、だいぶ度肝を

抜かれましたね。

――いざ、試合が始まったら花巻東の先発投手は大谷選手と同じ2年生で左腕の小原（大樹）投手だったんですが、これはもう想定内でしたか？

松本　そうですね。想定内といえば想定内でしたね。

――あの試合、初回に帝京が2点を先制して、2回の表にも1点を取って、終始花巻東をリードする展開でした。そして3－2とリードした4回表にも1点を追加してさらにリードを広げます。そこまである程度、試合の主導権を握る展開となっていましたが、チームの雰囲気はどうでしたか？

松本　とりあえず相手のエースが投げてきていないっていう状況だったので、まぁ、僕らとしては絶対に負けられないというか。「まずはエースを引きずりだそう」じゃないですけど、そういう雰囲気にはなっていましたよね。

――そして4－2となった4回表。なおも1アウト一、三塁というチャンスの場面、花巻東にとってはピンチの場面でライトで先発出場していた大谷選手がマウンドに向かいます。その最初の対戦バッターとなったのが帝京の4番で、右の強打者としてプロから熱視線を浴びていた松本選手でした。しかも初球148キロのストレートをとらえて見事にライトへの犠牲フライ。あのときはもう初球から行くつもりだったんでしょうか？

松本　いやもう球が速いのはあらかじめわかっていましたし、投球練習を見ていてもそれは実感しました。とにかく速いストレートに合わせるしかないなっていうのはあったんですよ。なので、ストレートだったら初球から行こうと思いました。振り遅れはしましたけど（笑）、まぁ、いいところに飛んでくれたので、犠牲フライになったのは覚えています。

――逆にピッチャーが代わったばかりだったので、球種を見るために球数を投げさせるという考えはなかったんでしょうか？

松本　いやもう、当時はやっぱり速いストレートを打ちにいくしかないっていうのが投手・大谷を攻略するための最も有効な対策だろうというのがチーム共通の認識だったんです。だからもう初球でも真っ直ぐが来たら打つしかないなと僕も思っていました。

――先ほど振り遅れたと言っていましたが、それでもキッチリと外野まで運んで犠牲フライにするあたり、さすが名門・帝京の4番といった感じです。

松本　やっぱり帝京っていう名のある強豪で、そのときの4番が僕でした。そして相手のエースが出てきて、ここで僕が打てば試合の流れが……っていう気持ちはすごくあったので。まっ、そういう意味では最低限の仕事はできたのかなと思いましたね。

――犠牲フライのあとはレフトフライ、ライト前タイムリー、キャッチャーゴロという結果なのですが、5回表のレフトフライに終わった打席も初球から打っているんですよ。このときはファウルになっていますが。

松本　やっぱり追い込まれてしまうとなかなか打てる投手ではないので、もう自分の狙い球が来たら初球からでも……っていう気持ちだったんだと思います。

とにかく速い真っ直ぐで勝負してくる、ライト前タイムリーは納得できた打撃でした

――次が7回表に飛び出したライト前タイムリーですね。場面は7－7の同点で2アウト一、三塁。チャンスでの打席でした。逆に投手・大谷にとってはピンチの状況で以下のような配球と結果になっています。初球外角カーブ・見送りストライク、2球目外角ストレート・ボール、3球目外角スライダー・ファウル、そして1ボール2ストライクからの4球目外角低めのストレートをライト前ヒット。バッテリーは全部外角に投げているんです。

松本　おっしゃる通り、この打席は全部外でしたね。もともと僕は反対方向に打つのは苦手ではなかったんですよ。相手バッテリーが外一辺倒で攻めてきているなかで、簡単に僕は追い込まれてしまった。逆に大谷って追い込んでからもやっぱり真っ直ぐで三振を取れる投手なんですよ。だから真っ直ぐで来るんじゃないのかなっていう雰囲気がすごく漂っていたの

を覚えています。

——これ、1球インコースに来るんじゃないかなという考えはなかったんでしょうか？

松本　いや、なかったですね。とにかく速い真っ直ぐで勝負してくると思った記憶があります。

——この場面で強引に振り回さなかったのが吉と出た感じですね。

松本　おそらく追い込まれていたし、三振しないようにじゃないんですけど、コンパクトにバットを振った結果が、まぁ、いいところに飛んでくれたのかなっていう感じです。

——これは松本選手にとっては会心のバッティングといっていいのでしょうか？

松本　そうですね。僕としてはすごく納得のいく打撃だったと思います。

——そして投手・大谷との最後の勝負です。9回表2アウトでランナーが一塁という場面でした。このときは初球外角低めのスライダーがボール、2球目は内角高めに投げたストレートが抜けてしまってボール、3球目は外角高めのスライダーがストライク。カウント2ボール1ストライクからの4球目、真ん中から落ちる変化球を打って、キャッチャーゴロという結果に終わっています。

松本　ああ、キャッチャーゴロを打った記憶はめちゃめちゃありますね。このときは多分、変化球を真っ直ぐのタイミングで打ちにいって、バットの先っぽに当たってボテボテのゴロ……みたいな感じだったと思うんです。ただ、記憶を思い返しても真っ直ぐを打とうとしか思っていなかったんですね。基本的にはやっぱり真っ直ぐを待っていますね、ずっと。

――このときは1点リードしている状況でランナーが一塁にいて、長打が出れば貴重な追加点が入るという場面でした。長打を狙おうとは思いませんでしたか？

松本 正直、あまり覚えてないですね（苦笑）。ただ、真っ直ぐをしっかり叩けば球の力もあるので飛んでいくだろうと。まぁ、金属バットですし、もともと僕の打撃スタイル的にはブンブン振り回すっていうよりもしっかり相手の球威を利用して飛ばすみたいな感じというか。東東京大会ではホームラン3本打っていましたが、基本的にはシャープにスイングすることを心がけていたので、もうそのときも変わらず。その気持ちで打席に入っていました。

勝因は、翔平が先発できなかったこと、先発していたら全然違う試合になっていたと思います

――そもそも長打を狙うことはあまりなかったんでしょうか？

松本 そうですね。僕自身、長打を狙って打席に入るっていうことはあまりなかったので。しっかりコンタクトしたらライナー性でホームランになることも多いですからね、多分、当

時はそういう考え方だったと思います。

——試合は7回表の松本選手のライト前タイムリーが決勝点になって、結局、8-7で帝京が勝利しました。勝因はどこにあったと思いますか？

松本　う〜ん、難しいんですけど、翔平が先発できなかったという状況にあったというのは、僕らとしてはラッキーだったというか。まぁ、そういう心理状態になったっていうのは事実ですね。やっぱり先発投手が翔平ってなっていたら多分、全然違った試合になっていたと思うので。恐らくああいうふうに点も取れていないと思いますし……そこが一番なんじゃないですかね。あのときは試合前からケガしているっていう噂が流れてはいたんですけど、多分、左足の股関節だったかな？　そこをケガしていたっていうのは試合が終わってから僕らも聞いたんですよ。それまではどこをケガしているっていうところまでの詳細な情報は入ってなくて……。多分、下半身があまり良くないから投げられないんだ、ぐらいの感じだったんですけど、試合の途中で「うわ〜投げてきた！」っていう。「投げられるじゃん！」っていうのが正直な感想でしたね。「どこ痛めているんだよ！」っていうのはすごくありましたよね。

——結局、あの試合では大谷選手はケガを押してプレーしていたわけですが、そのときに投手として凄いと思った場面を教えてください。

松本　もう全部が凄いとしか思わなかったですね。ケガしているから、先発じゃないんだなっていうところから始まって……。なのにいざ投げてきたら「こんなに凄い球を投げるんだ！」って。しかも下半身のケガっていうのを聞いていたので、「本当にどこケガしてるの？」っていうのが凄く印象に残っていますよ。

――ちなみに投手・大谷の球威は試合終盤になっても落ちなかったんでしょうか？

松本　はい。落ちたという印象はまったくなかったです。だから「ケガしてるの？」っていうのが、僕らの本当に正直な感想で、「先発できたんじゃないの？」っていうのが、僕らの見立てでしたね。

――打者として凄いと思った瞬間というと？

松本　打撃面での凄さはめちゃめちゃ感じましたよ。強いライナー性の当たりでレフトフェンス直撃の一打を放った場面が特に強く印象に残ってます。

――あれは6回裏の攻撃時でした。花巻東が5－7で負けていてランナーが2人出塁。その場面でアウトコースの速球を逆らわずに流してレフトフェンス直撃の同点2点タイムリーを打つんですが、あと2～3メートル高く打球が飛んでいたらホームランという強烈な当たりでした。

松本　ウチの投手は石倉（嵩也）っていう左ピッチャーだったんですけど、左投手の真っ直ぐをレフトにライナーで、しかもフェンス直まで持っていった打球は僕も高校3年間で、見たことがないです。

「翔平、お前今から試合に出るのにそんなに重いおもりでやって大丈夫なの？」って聞きました

——花巻東との激闘から約1年後。大谷選手はドラフトで北海道日本ハムファイターズに1位指名され、チームメートになるわけですが、入団が決まったときの率直な感想を教えてください。

松本 まぁ、とんでもないヤツが来るなっていうイメージでしたし、そもそも本当にまずファイターズに来るのかなっていうのがありましたよね。でも来てくれたときは「凄い選手が来たな！」っていう印象しかなかったです。

——しかも二刀流という話だったじゃないですか？

松本 そうですね。当時の僕の記憶では打撃のほうが凄いなって、正直思っていました。僕が対戦したときの翔平のイメージは、ケガももちろんあったと思いますけど、〝投手・大谷〟よりも〝打者・大谷〟のほうが凄いっていう印象で捉えていたので。でも翔平なら二刀流はできるだろうなっていう感覚ではありましたね。

――そんな大谷選手とチームメートになったから語れる秘話などあれば。

松本　秘話というか、一つだけ僕が凄く思っていることがあって。翔平が覚えているかどうかは分からないんですが、それは翔平が1軍でもうバリバリ活躍しているときのことなんです。もうメジャーに行くか行かないかのレベルの話になっているころだったと記憶しているんですが、札幌ドームで翔平が試合前にガンガンとウエートトレーニングをしていたんですよ。そのときは打者・大谷として試合出場が決まっていました。で、ちょうど僕もそのときにトレーニングをしていたんです。ただ、僕は試合前なのであまり筋肉を使いたくはなかったので、ちょっと控えめな感じでやっていたんです。トレーニングって自分を追い込むか追い込まないかの差だと思うんですけど、そのときの僕は追い込もうとはしていなかったんです。でもそのときの翔平はつぶれるんじゃないかぐらいの勢いでトレーニングをしていて……。思わず翔平に「翔平、お前今から試合に出るのにそんなに重いおもりでやって大丈夫なの？」って聞いたんですよ。そしたら翔平も僕に対してもけっこうフラットに話してくれていたので、まぁ半笑いというか。ちょっと笑いながら「いや松本さん、僕、今日の試合を見ていないんで」って言ったんですよ。それって捉え方次第ですごく難しいかもしれないんですけど、そのときに「コイツ、凄いな」と思って。僕はまだそのとき1軍に出始めで、やっと試合に出られるようになったぐらいだったんです。だからとにかく今日の試合で1本打ちたい、みたいな。とにかく1本でもヒットを打ちたいと思って、そのための準備としてやっていたことだったんです。でも翔平は極論ですけど、今日の試合を見ているっていうよりも、先の自分を見ていたと。何年後かに「僕、大谷翔平はこうなるんだ」っていうビジョンが多分頭の中に常にあった人なんですね。それを冗談半分で僕には伝えてきましたけど、多分、本心だと思うんですよ。「僕は今日の試合を見ていないです」っていう言葉の意味は凄く深いなと思って。その考えは当時の僕には理解できないなって正直思って。これはやっぱり「どこまで凄くなるんだろうな」って、当時も思ったのが一番強烈に覚えているエピソードですね。

大谷翔平をひと言でいうと「野球人」です

——大谷選手と出会って自分の人生が変わったな、もしくは考え方が変わったなっていう部分はありますか？

松本　いやもう大谷翔平っていう選手は誰がどう見ても、投げても凄いし、打っても凄いし、走っても凄いし……。別格なんですよね。もちろん僕なんか何一つ手の届くところはないいんですけど、その理由が凄く分かったというか、さっきのあのひと言で。それで僕は大谷翔平にはなれないんだなっていうことをね、はっきりと悟ったというか。そのときに冗談半分で言われた言葉が今でも凄く胸に残っていて。年は一つ下ですけど、何かこうキツいことがあったときに僕はけっこう思い返しますね、あのときのやり取りを。「今日しんどいな」って、やっぱり今試合に出ていても思うことがあるんですけど、「いや、でも翔平はあのとき何年も先の自分を想像していたんだな」って思うと、やっぱりトレーニングで妥協しちゃいけないなっていうことを凄く思わせてくれますし。それにこのエピソードって凄くいい話じゃないですか。それこそ僕、けっこう後輩とかにもこの話をしたりしているんですよ。何かちょっとしんどそうでウエートトレーニングを妥協しそうな子たちがいたら、この話をしたりしていますね。まっ、僕の話ではないんですけど（笑）、翔平の話をさせてもらってね。するとみんな「凄いな」って言いますし、「やっぱりそうじゃなきゃダメですよね」っていうふうには思ってくれるので、僕もその言葉は今でも胸に残っていますよ、凄く。

――今現在の大谷選手の活躍ぶりを見て、何か感想だったり、思うことはありますか？

松本　僕がどうこう言えるような立場じゃないですよ。本当に雲の上にいるような存在ですし。ただ、やっぱり純粋に「僕は翔平と一緒に野球やっていたんだぞ」って自慢できるな、とは思っています（笑）。でも何かその当時のことを振り返ってみると、メジャーのレベルを僕は経験したことがないので何とも言えなかったですし、正直分からなかったんですが、翔平なら絶対に活躍するんだろうなっていう気はやっぱりしていましたよね。活躍するんだなというか、世界ナンバーワンのプレーヤーになれるんだろうなっていうのはもう当時から思っていましたよ。まぁ、「お前は当時どこまでメジャーの選手たちのレベルを詳しく知っていたんだ」って聞かれた上に、しかも「絶対に活躍するのか」って問われたら分からないとしか言いようがないんですが。翔平があいう思考を持っている時点で、やっぱりちょっと人とは違うなっていうのはありましたよね。

――最後に〝大谷翔平〟という存在を簡単に言い表すなら、松本選手ならどう表現しますか？

松本　本当にひと言で言うなら「野球人」ですかね。見ているとやっぱり常に野球のことを何よりも優先して考えている選手だったんですよ。普段の生活のなかにある何かちょっとしたことでもそうなんですが、私生活を見ていてもちょこちょこそういうことがありました。それってやっぱりいろんな凄い選手を見てきていますけど、翔平より野球のことを考えている選手は100％いないって自信を持って言えます、僕は（笑）。それは今までの小学校からの自分の野球人生を通してなんですが、プロ生活も今年（2024年現在）で13年間やっていますけど、僕のその人生の中で彼より野球のために何もかも、生活からすべて野球のために注いでいる、捧げている選手は1人も見たことがないんです。まさに「野球人」なんですよ。

証言

石倉嵩也

帝京

大谷翔平から甲子園、最初で最後、唯一の三振を奪った投手

大谷翔平・夏の甲子園初戦。帝京高校の先発はエース・伊藤拓郎。
しかし、その伊藤が捕まり、4回2アウトから石倉嵩也が登板。
石倉は大谷から"甲子園で唯一の三振"を奪取する—

石倉嵩也（いしくら・しゅうや）

1994年生まれ。埼玉県出身。左投げ左打ち。草加市立谷塚中では軟式野球部に所属。2010年春に東京の強豪・帝京へ進学すると、高校2年生の夏には東東京大会の6試合中、3試合でスタメン1番で出場。4盗塁を決めるなど、甲子園出場に貢献。甲子園では初戦の花巻東戦に4回裏二死一塁の場面で2番手投手として登板し、5回1/3を投げて、6奪三振、2失点の力投で勝利投手。大谷翔平とのリリーフ投手対決を見事に制した。高校卒業後は東洋大学に進学。3年秋までは未勝利だったものの、4年時の16年春には12試合中9試合の先発をこなすフル回転で3勝1敗、防御率3.57をマークしている。大学卒業後は社会人野球のJR東日本東北で3年間プレー。現役引退後の現在は宮城県の仙台地区で車掌として勤務している。

――まず最初に、初戦の対戦相手が花巻東と決まったときの石倉さんの率直な感想を聞かせてください。

石倉嵩也（以下、石倉）　そうですね。花巻東が相手と決まったときは、すでに大谷選手は高校野球雑誌などでかなり取り上げられていたので、とにかく〝すごい〟っていうことだけは認識していました。だから実際にはどれほどなんだろうと。とにかく楽しみもありつつ、不安もありつつっていう感じでしたね。

――事前に実際の映像を見たりとかはできなかったのですか？

石倉　そうですね。実際に見るどころか、映像を観て研究するっていうこともできなかったんです。だから本当にどの程度の実力なのかっていうのは分からなかったんですよ。

――大谷選手は石倉さんと同級生ですね。

石倉　そうですね。同級生に「翌年のドラフトの上位で指名されてプロ入りするくらいの凄いピッチャーがいる」ってもっぱらの評判だったんです。それが大谷でした。私もその評判を聞いて、絶対にプロに行く人なんだろうなっていうのは感じていましたし。

――対する石倉さんたちの帝京にもプロ注目のピッチャーがいました。1学年上のエース右腕・伊藤拓郎投手です。ただ、ケガの影響などもあってずっと調子が上がってこなかった感じですよね。それでも東東京大会準々決勝の修徳戦では7回参考記録ながらノーヒットノーランを達成しています。決勝の関東一戦でも9回1失点で完投しているので、復調の気配が漂っていましたよね。

石倉　東東京大会のときから拓郎さんの調子自体は良さそうだと思っていました。その上で花巻東との試合では初回に2点を先制して、ウチのペースに持ってこられたなっていうところはベンチで感じていたので。なんとなくですけど、このまま勝ち切るなって初回を見て思っていたんですね。でも、実際に花巻東の攻撃になって、ちょっと捉えられるというか、これマズイな、みたいな。もしかしたら出番があるかもしれないというのは、早い段階で思ってはいましたね。

――花巻東打線はかなりねちっこかったというか。伊藤投手も苦しんで投げているなっていう印象を受けました。石倉さんだけではなくてベンチの中も、何かそんな雰囲気だったんでしょうか?

石倉　そうですね。何か拓郎さん自体、やっぱ思うように打ち取れてないっていうところもありましたし、予選ほども上がっていないなっていうところも見て取れたんです。なおかつ、やっぱり花巻東の打線がこうファウルで粘って、際どいところはカットして見逃してっていうところがあったので……。

4回2アウト、5-5、ランナー1塁「石倉行け！」

――具体的に前田監督から「じゃあ、石倉行け！」って言われたのはどのあたりですか？

石倉　多分、かなり序盤だったと思うんですが。

――結果的に4回2アウトから登板していますね。5-5の同点に追いつかれた直後でランナーが一塁にいました。いきなりピンチの場面での登板となったのですが、その回は抑えています。流れ的にはもう4回裏の花巻東の攻撃中には多分「行け」って言われていたのかなと。

石倉　いや、多分その前。僕もはっきり覚えていないんですけど、多分もうちょっと早い段階で、もしかしたら3回とかそれくらいから言われていた可能性はあったかと思います。前の回ぐらいから様子を見ながら肩を作っていたかなっていう覚えはありますね。

――伊藤投手の後を受ける形で登板したわけですが、結果的に最後まで投げきっています。その間、大谷選手とは2打席対戦することとなりました。

石倉　そうですね。2回対戦しました。

——最初の打席は7－5と帝京が2点リードで迎えた6回裏です。花巻東の1、2番の出塁を許してノーアウト一、三塁というピンチの場面でした。結果としてレフトフェンス直撃の強烈な一打を打たれてしまうわけですが、この場面で打者・大谷をどう攻めたのか、覚えていらっしゃいますか？

石倉　あのときは1球目か2球目だったかは忘れたんですけれども、ランナー一、三塁で一塁ランナーが盗塁しているんですよね。大谷選手が偽装スクイズみたいなのを仕掛けた間に。そこは覚えているんですけど、もう1球を覚えていなくて。多分ボールになっていると思うんですけど、そのボールがなんだったかな？　初球ボールで、次の球がその偽装スクイズだったかなと思います、確か。

あと2～3メートル上がっていれば、スタンドインしていた

——偽装スクイズを仕掛けたときの球がストライクになって、これでカウント1－1からの3球目。そして注目の3球目をアウトコースに投げ込みました。多分、あの球はストレートだったと思うんですが、スライダーでしたか？

石倉　いや、直球ですね。

——で、それを見事に流し打たれました。

石倉　あれはですね、カウントが1－1になったところで、確か「外せ」のサインだったんですよ。「外せ」のサインで、キャッチャーの石川亮（オリックス）が確かボールゾーンに構えていたんですけども、僕が投げミスしてストライクゾーンに入っちゃったんですよ。

——やや内側に入ったって感じですよね。

石倉　やや内側に入ったんですが、よく見ればアウトコース低めぐらいかなっていう球ではあったんです。打たれたときはホームランかと思いました。

——あの打球、あと2～3メートル上がっていれば、スタンドインしていたのかなと。

石倉　そうですね、入っていたと思います。でも左バッターの流し打ちであそこまで飛ばされたことって僕にとっては後にも先にもなかったんです。だからちょっと衝撃的すぎたっていうのはありますね。

——ただ、あの打球は当たりが良すぎて大谷選手は一塁でストップする結果になりました。

石倉　はい、止まりましたね。僕としては助かりました。

——とはいえ、同点となって、なおもノーアウトランナー一塁とピンチが続いています。しかも次は4番、5番。ここで石倉さんが抑えたのが帝京の勝因の一つだったかなと思うのですが。

石倉　そうですね。それはそうだと思います。試合の後とかに誰かとそういう話をしたような覚えがありますね。「あそこでやっぱりセカンドにランナーを進めさせなかったのが大きかったよね」っていう話はしたような覚えはありますね。

――あのピンチの場面では4番・杉田（蓮人）の送りバントを阻止しています。続く5番・橘（廉）選手を二ゴロに仕留めて一塁ランナーの進塁を許しませんでした。ランナーを二塁にやらなかったという、その安心感みたいなものもあったと思うんですが。

石倉　そうですね。確かにありましたね。

人がとにかく多くて……花巻東の応援が凄かったなという覚えはあります

――石倉さんも甲子園初登板じゃないですか。やっぱり緊張しているなかで登板しているので、当時の甲子園球場の印象っていうのも多分、覚えていないんじゃないのかなと。

石倉　うっすらと覚えている感じですね。人がとにかく多くて……っていうのはありますね。それと花巻東の応援が凄かったなっていう覚えはあります。

――あの試合は当時、1回戦屈指の好カードって言われていたこともあって、大観衆が詰め掛けていましたからね。でも、石倉さんからすると、やっぱりもう試合に集中していて、あんまりそういうのも覚えていないといった感じなのでしょうか？

石倉　そうですね。でも、緊張したのは覚えています。拓郎さんから代わってマウンドに上がった瞬間はすごく緊張したなっていうのは覚えていますね。

――そして打者・大谷との2度目の対戦の場面です。8－7と帝京が1点をリードして迎えた8回裏、ノーアウトで先頭打者だった大谷選手と対峙することとなりました。大谷選手の2打席目なんですが、そのときの打球は凄かったですよね？　まだ先発の伊藤投手が投げていたときです。

石倉　あれはヤバかったですね。あれって何回でしたっけ？　2回とかでした？

――2回裏ですね。痛烈な当たりのセカンドライナーでした。

石倉　僕それベンチから見ていました。何か打った瞬間にもう破裂音みたいな音がして。だからセカンドの阿部（健太郎）がね、僕と同学年なんですけど、何かよく取ったなって。本当によく取ったなっていう印象ですね。

大谷翔平、甲子園での唯一の三振を喫する

――その凄い大谷の打球を2度見てからの勝負となりましたが、その時の攻めは初球、緩い変化球で内角低めに投げました。この球を大谷選手は打って出てファウル。2球目は外角低め。多分あれは変化球だったと思うんですけど、ちょっとスイングを誘った球でしたよね。

石倉　はい、そうです。

――この球に大谷選手のバットはピクリとも動かず、判定はボールとなりました。続く3球目は内角への緩い変化球でした。この球を大谷選手は打ちに行ったんですが、あまりにコースが厳しかったため、窮屈なスイングでファウルになっています。4球目は外角高めへのストレートを選択して、際どいコースを突くボールとなりました。これでカウントは2－2。次が勝負の1球です。注目の勝負球はコース外いっぱいの変化球でした。多分スライダーだと思うんですが、結果は空振りの三振。

石倉　あの配球はキャッチャーの石川の考えもありましたし、僕自身もそう考えて投げたっていうのもあります。前の打席で真っ直ぐを打たれていたので。多分、もう真っ直ぐは打た

れるなっていう感覚がすごいあったんです。だからファウルでカウントを稼いで、「打ち損じてくれればいいな」「三振してくれれば儲けもんだな」って思っていたような。そんな覚えはありますね。

――要は打たれても、シングルヒットなら御の字というか。

石倉　そうですね。とにかくホームランだけは（避けたい）って思って投げていました。

――最後に空振り三振を奪ったあのスライダーは良かったですね。

石倉　今改めて見るとボールなんです。ボールではあるんですけど、あのときはいい球が行ったなっていうふうには思ったんです。そう考えたら運というものもあったのかなっていうふうには思います。でも、それもこれも初球と3球目が効きましたね。どちらもインコースのスライダーだったと思うんですけど。

――いずれも打ち損じのファウルでした。

石倉　そうですね、スライダーで内側を突いてやっぱりファウルを取れたっていうのが大きかったというか。追い込んでから、どの球を投げても「行けるかもな！」「打ち取れる可能性が高くなったな！」というのは感じましたね。

――4球目に投げた外角高めがボールになっているんですが、この1球だけですね、ストレートは。

石倉　確かに4球目だけですね。そこはもう「外せ」「外そう」っていうボール球を投げる意図での投球でした。

――結果的に対打者・大谷との対戦成績は2打数1安打1三振となったわけですが、実際に打席に入って構えたときの大谷選手には何か風格だったり、威圧感みたいなものは感じましたか？

石倉　バッティングもいいっていうのはあったと思うんですけれども、やはりピッチャーとしてフォーカスされていたような気がするんですね、当時は。バッティングもいい3番打者っていうのは、分かっていたんですけれどもね。自分もそのときは自信を持って投げていたところだったので、あの〝フェン直〟の打球を打たれるまでは抑えられると思って投げていましたよね。

――8回裏、先頭打者の大谷選手を抑えて、見ている側としては帝京に試合の流れが完全に行ってしまったのかなと。ところが9回裏にとんでもない展開が待っていましたね。状況としては7－8と花巻東が1点を追う展開となっていました。そしてまず、1アウトから代打の山本英選手にレフト前ヒットを打たれて、これでランナー一塁となりました。そこから盗塁～守備妨害という一連の流れが待っていたワケですが、まずは盗塁からです。

石倉　確かあのとき代走が出たんですよね。で、初球で走られてるんですよ。なんかちょっと警戒してなさすぎたなっていうのは今思うとありますし、やっぱり初球で走られているってことは、多分もう完全に盗まれてるような感じだったと思いますね。

――盗塁を決められて1アウト二塁。ピンチが広がったと思われた瞬間でした。主審が〝守備妨害〟をコールしたんですよね。あれはプレーしている側からするとやっぱり完全な守備妨害だったんでしょうか？

石倉　いや、そのとき僕はそういうの、何も感じなかったんですよ。「うわ～この後どうしようかな」っていうことだけを考えていたので。だから「あっ、守備妨害だ」みたいなことは思わなかったですね。

――あのときはヒットで同点のランナーが出て。その途端に1点差で負けてる花巻東への応援が凄くなっていったんですよね。

石倉　そうなんですよね。凄い応援だなっていうのはありました。やっぱり、流れも良くなかったんで。

――ただ、その直後に守備妨害で打者がアウトにされて、ランナーも一塁に戻されました。

石倉　そうですね、助かったとも思いつつも、「この後どうしようかな」っていうことばかり考えていたと思います。

――それでもまさかの守備妨害となり、チャンスが潰れてしまったことで同点を期待した盛り上がりが一気に冷めていきました。そして結局、最後は石倉さんが1番・太田（知将）選手をセカンドゴロに仕留めて試合終了となりました。結果的に石倉さんが勝ち投手になりました。

石倉　そのときは勝ち投手になったとかっていうのは、全然感じてなかったと言いますか、やっと終わったなみたいな。そしてもうめちゃめちゃ疲れたなみたいに感じていました。今思っても、勝ち投手になったっていう実感というか、そういうのはないですよね。本当に何か自分が勝ったというよりは、もうみんなで頑張った1勝みたいな感じだったんです。

あそこまで何回も追いつかれるっていう経験があの夏自体はなかったんです

——確かにヒリヒリするような試合展開で、しかも石倉さん自身の投球内容を見ても4回2アウトから登板して、5回は3者凡退に抑えているんですけど、6〜9回は全てランナーを出しています。

石倉　そうですね、試合展開的に両チームとも打ったりだけではなく、エラーとかフォアボールも絡んでいて、乱打戦みたいな試合展開になっていました。だからキャッチャーの石川からは、もしかしたら前田（三夫）監督からも、「とにかく粘って投げるように」っていう話にはなっていたような覚えはありますね。

——あの試合、帝京が3回リードして、花巻東が3回追いついています。投げていて正直、「またこいつら追いつきやがった！　しつこいな!!」みたいな思いはありましたか？

石倉　ありました、ありました。あの夏の我々のチームは予選から、だいたい初回とか序盤に先制してそのまま逃げ切るっていう形が多かったんです。だからあそこまで何回も追いつかれるっていう経験があの夏にはなかったので、「うわ！　マジか!!」って。「もう、試合も長いな」みたいな感じでしたよ。

——試合時間は3時間6分です。

石倉　高校野球にしてはメチャメチャ長かったような覚えはありますね。

——あの試合の流れだと、1回でも逆転されたら、まずいみたいな感じですよね。

石倉　結果的に同点までで止めていたから勝てたのかなと思いますね。1度でも逆転されていたら、恐らくあっちの流れになってしまって、結果は変わっていたのかなっていうふうには思いますね。

——結局、試合は8－7でいわゆる〝ルーズベルト・ゲーム〟と言われるスコアで終わりましたが、当事者からすると、とにかく長くて精も魂も尽き果てたって感じですか。

石倉　本当にそんな感じでしたね。高校野球で試合時間が3時間を超えるって、なかなかないと思うんですよ。それに、3回追いつかれたっていうのもあって、ずっと気を張っていなきゃいけなかったというか。だから試合が終わった瞬間はホッとしたというか、肩の荷が下りたというか、そういう覚えはありますね。

――やはり投げていたときは何も考えていなくて、ただただ無心で投げていたんですか？

石倉　やっぱりちゃんと考えていましたよね。それはもう試合の流れ的に、逆転されたら多分花巻東に行かれるなっていう考えはありましたし。

――そんな緊迫した試合展開にあって、ちょっと注目したいのが7回裏の花巻東の攻撃です。1アウトからランナーを許しているんですが、これはショートを守っていた松本剛（北海道日本ハム）キャプテンのエラーなんですよ。

石倉　松本さんのエラーですか。確かにありましたね。

――のちにプロに行く選手なんだから、アウトにしてほしい当たりだったと記憶しています。

石倉　確かに僕もそのときちょっと思ったかもしれないです。「松本さん、取ってよ」みたいな。でも、ランナーが出て、多分キャッチャーの石川がマウンドに来たんですよ。このとき上位打線に回る流れになっていたんですけど、「大谷選手には回さない」って。「大谷選手の前で必ず切らないとヤバい」っていう話を2人でしたのは覚えていますね。どうにか「大谷選手の前で切ろう」っていう意思疎通を交わしたんですよね。

——その言葉通り、続く2人の打者をレフトフライと空振りの三振に打ち取ってピンチを脱しています。

大谷投手の球は速いなと思ったんですけど、多分僕のときは、全然本気で投げていないと思うんです（笑）

——逆にその直後の攻撃で石倉さんが打席に入っているんですよね。結果はフォアボールでしたが、投手・大谷の球はどうでしたか？

石倉　球は速いなと思ったんですけど、多分僕のとき、全然本気で投げていないと思うんですよ（笑）。それでも速いなって思ったんですよね。

——というのは？

石倉　8回裏の時点で大谷とは3度目の対戦だったんです。確か最初の対戦だったと思いますが、速い速いと思って1、2の3で振ったらチェンジアップかなんかで三振したんです。次の打席でも連続三振を食らって、とにかく「打てる気がしねえな」っていうふうに思いましたね。

――だから投手・大谷からよく点を取ったなっていう話ですよね。

石倉　そうですね、よく取りましたね。今思うと。

――そしてこの試合には勝ったんですが、その次の2回戦で負けてしまいます。八幡商（滋賀）との一戦で、確かリリーフ登板だったと記憶しています。

石倉　3－0で勝っていた9回表に一挙5点取られて負けてしまうワケですが、自分は最後、逆転されてからマウンドに上がっています。

――実はその試合が、名将・前田監督の甲子園での最後の采配になってしまいました。

石倉　ああ、そうですね。最後ですね。

――それもまたちょっと考えると名将には相応しいというか。甲子園で最後に勝利を挙げた相手が大谷翔平のいた花巻東っていうのは感慨深いものがありますよね。

石倉　そうですね。今あれだけ凄い選手になったので、そこに勝ったっていうのは、やっぱり前田監督の力もすごく大きいと思うんですよ。花巻東戦でも苦しい状況が続いたんですけれども、監督はみんなを鼓舞してというか、そういう感じだったので。なんか今思うとすごくありがたいなっていうふうには思いますね。

大学に入ってから社会人野球を引退するまで、思ったように投げられたことってなかったです

――さて、ここからは石倉さんの話を伺います。自身ではピッチャーとして、得意球だったりとか、決め球だったりとかっていうのは当時はどのように考えていたんでしょうか？

石倉　その当時はスライダーが一番自信のある球ではあったんですね。で、なおかつスライダーのコントロールと言いますか。内、外、高め低めの投げ分けが、得意と言いますか、それで緩急だったりとかで打ち取るようなピッチャーだったのかなって思いますね。

――花巻東戦でのナイスピッチングを見る限り、プロ入りとかは考えなかったんでしょうか？

石倉　ずっとプロになりたいと思ってやってはいましたけれども、高校のときの一つ上に（伊藤）拓郎さんと松本さんがいたので、自分なんかそんなレベルじゃないって思っていました。

――なるほど。その後、最後の3年時の夏は東東京大会の準決勝で国士舘の前に2－5で敗れて甲子園出場は叶いませんでした。その後の具体的な進路を教えていただけますか？

石倉　高校卒業後は東洋大学に進学しました。で、大学でも野球部で4年間やらせていただきまして、卒業してからは社会人チームのＪＲ東日本に入りました。ＪＲ東日本には二つチ

ームがあるんです。東京のチームとJR東日本東北っていうのがありまして、自分は後者のほうに進んだんです。そこで3年間現役をやって、引退したっていう形ですね。

――3年間ってちょっと短いかなって気もするんですが。

石倉　そうですね、短いですね。実は大学に行く前に肩の手術をしたんですよ。高3のとき、最後の夏はケガで投げられなかったんです。大学でも最初の3年間ほぼ投げていなくて……。というか、投げられなくて。何かイップスみたいな、もう投げ方もわかんない、野球もやめたいっていう苦しい時期が続いて。なんとか4年生になって少し投げれるようになったんですね。で、ちょっと試合で投げさせてもらって、それで社会人野球に進路が決まったっていう感じだったんです。大学に入ってから社会人野球を引退するまで、思ったように投げられたことってなかったなって、思いますね。

心の支えっていうのは、帝京で2年半やったっていうこと
そして、大谷選手に甲子園で勝てたこと

――最初の大学3年間の苦しい時期に、心の支えになったものとかってありますか？

石倉　最初の1年間、大学1年生のころはやっぱり帝京でやってきた自信もあったので、絶

対に復活してやるっていう気持ちで練習にも取り組んでいたんですが、実際2年生になって投げるようになったら、前とはちょっと違うと。思ったように投げられないっていうところから始まって、イップスみたいになってしまったんですね。そのときの心の支えっていうのは、やっぱり高校のときの、帝京高校で2年半野球をやってきたっていうところが一番心の支えとなったというか。甲子園に出て、大谷選手と対戦して勝てた、自信も持てたっていうのは、やっぱりその後の野球人生のなかでも、自分のなかでもとても大きかったなっていうふうには思いますね。

――大谷選手がプロに入って活躍している姿を見て、「じゃあ俺も頑張ろう！」みたいなこともありましたか？

石倉　それは……思わなくはなかったんですけれども、正直レベルが違いすぎて。だから逆にそこと比べたらいけないなって。むしろ僕は僕のやることをやらなきゃいけないっていうふうには思っていたんです。大谷選手は凄すぎるし、あまり比べるのは良くないなっていうふうには思っていました。でも、ずっと活躍はテレビでも見ていましたし、刺激にはなっていましたね。

――結果的に3年間で社会人野球はやめましたが、やっぱりケガが原因だったんでしょうか？

石倉　ケガっていうよりも、実力と言いますか。イップスみたいになって、さっきもそこから自分の思い通りに投げたことが1度もないって言ったんですが、それがあって……単なる実力不足ですね。

——ということは完全燃焼はできていない感じというか。不完全燃焼のまま野球人生を終えられてしまったんでしょうか？

石倉　不完全燃焼ですか……。まぁ、「悔いはないか」って言われると、どうですかね。でも、そのときそのときに考えて一生懸命やった結果が今なので、後悔はないですね。

大谷選手は覚えているか分からないんですけど、甲子園のこととかをちょっと話してみたいです

——もう1回、大谷選手と対戦してみたいなっていう思いはありますか？

石倉　対戦したいか……ですか。対戦っていうよりは、大谷選手は覚えているか分からないんですけど、甲子園のこととかをちょっと話してみたいなっていうのはありますよね。あのときどうだったの？とか。じっくりでなくても、ちょっとでもいいですから、話してみたいなっていうのはありますね。

——それこそ、「あの8回裏の三振覚えている？」って聞いてみるのはありますね。

石倉 自分からはあまり言わないようにはしているんですけれども、やっぱり職場に行って、特に転勤とかでいろんな場所に行くじゃないですか。するとそういった情報を先に言われるんですよ。「大谷選手と試合したんだよね！」みたいなことは、どこに行っても言われます。やっぱり今あれだけ凄いですし。「いい経験ができたな」っていうふうにはめちゃくちゃ思いますね。お酒の席とかになればさすがに自慢話的に自分から言っちゃうんですけど（笑）。

——実はこの翌年にも大谷選手は甲子園に出ているんですが、そのときに対戦した大阪桐蔭の藤浪（晋太郎）投手は大谷選手から三振を奪っていないんです。つまりは石倉さんが唯一甲子園で大谷選手から三振を奪った投手ということになるんです。

石倉 でもそれはやっぱりお酒が入ったらっていうね。そういう席のときだけにしておきます（笑）。

——現在の大谷選手の活躍ぶりを見て、何か思うことはありますか？

石倉 単純に凄いなって思いますし、よくテレビとかでも取り上げられてると思うんですけど、とにかくストイックですよね。食事から睡眠からトレーニングから徹底してやっているところをテレビを通して見ているので。高校生のときでもあれだけ凄かった選手が、あそこまでストイックにできるのは、やっぱり尊敬というか。そんな感じの目で見ています。

——その打者・大谷選手とは甲子園で2打席対戦しました。大谷選手と出会ったことで、石倉さんの人生が変わったなって思うことはありますか？

石倉　先ほどもちょっと話したんですが、その後、自分自身の野球人生があまりうまくいかなかったっていう状況に陥ってしまいました。それでも甲子園で大谷選手から三振を奪って勝てたことが、本当に心の支えとなっているというのもあるんです。加えて今で言えば、仕事と育児で大変なときもあるんですけれども、やっぱりテレビで大谷選手を見ない日はないんですね。だから大谷選手の日々の活躍を見ていると、「もうひと踏ん張りしてみるかな」みたいなのはやっぱり感じますね。全然舞台は違いますけれども、同学年で、昔甲子園で試合をして……っていうことを考えると、もうひと踏ん張りしてみようかなっていう気持ちにはなりますよね。

——あの甲子園の映像を自身で見返すことはあったんでしょうか？

石倉　あります。

——その際は客観的に見られますか？

石倉　客観的にですか……全部覚えてはいないので。やっぱりあのときは「こうだったな」っていうのもありますし、「何でこの球を投げたんだろうな」みたいなものもあります。

——大谷翔平という存在を石倉さんが端的に表すとしたら、どのように表現しますか？

石倉　ええっとですね、僕は試合でしか大谷選手と絡みがないので、そのときの印象で語らせてもらうと、三振を取ったとは言いますけれども、やっぱりレフトの〝フェン直〟のイメージしかなくてですね。とにかく凄まじかったですよね。あの当時の大谷選手って、すでに身体は大きかったんですよね。

――あのときは身長が191センチでしたね。

石倉　本当に身体は大きかったんですけど、めちゃめちゃ細かったんですよ。だから「ええ⁉　何でこんな打球飛ばせるの？」みたいな。「本当に同級生？」みたいな驚きというか。そういった印象しかないんですよね。結果的にあのフェン直のライナー性の強烈な当たりを見て、震え上がって目が覚めて。で、次の打席で攻め方を考えたわけですからね、流れとしては。あんな当たり、打たれると思って投げていなかったので、そのときは（笑）。

――最後に改めて花巻東との試合を総括してもらえますか？

石倉　自分自身のピッチングのおかげでもあるなっていうふうには正直は思っています（笑）。でもやっぱり、松本さんが決勝のタイムリーを打ってくれたりだとか、それこそ後輩の石川がリードでも打撃でも引っ張ってくれたっていうのもあります。セカンドを守っていた同級生の阿部のファインプレーもあったし、先発した拓郎さんであったり、他の選手もそうですよね。みんなで勝ち取った1勝なのかなっていうふうには思いますね。

――花巻東の応援も凄かったですからね。

石倉　やっぱりあの年って東日本大震災があって、東北のために……みたいな部分で、凄い一体感を応援団とベンチに感じたんです。そんな状況で何とか勝ち切れたっていうのは、僕1人の力じゃなくて、チーム全員、スタンドのみんなとも一緒に戦えたから、なんとか勝てたっていうね。そんな1勝だったのかなっていうふうには思いますね。

――試合途中から、特に最後のほうは、判官贔屓《びいき》じゃないですけど、「やっぱり東北のチームだから勝たせたい」みたいな空気になるじゃないですか。

石倉　はい、なっていました。

――対戦チームは大変だろうなと思いながら見ていました。

石倉　甲子園特有と言いますか、「高校野球あるある」と言いますか、あの試合だけではないとも思うので。やっぱり、どっちの立場でもない人からしたら、負けているチームを応援したくなるのもわかりますし。とにかくアウェーだなっていうのは感じましたけれども、でも、勝つために1人1人がやることをやった結果、勝てたのかなっていうふうには思いますね。試合をやっているときとか、終わった直後ぐらいは、もう心底「しんどい」しかなかったんですが、今となってはいい思い出ですね、でも、そのときはもう、めちゃめちゃしんどかったですよ。

――個人的には帝京の2番手投手として甲子園のマウンドに立ち、大谷から甲子園唯一の三振を奪った人ですから、やっぱりどこかの段階で、少年野球の指導者でもいいですから、野球に携わって欲しいなっていう思いはあります。

石倉　いつかね、やっぱり子供もできて、男の子もいるので、その子どもたちが大きくなって「野球やる」って言ったときに、そういった形で僕も関われたらなっていうふうには思っていますけども、それはもう少し先の話になってしまうのかなと。でも、将来やれたらいいなとは思っています。

第3章

大谷翔平、高校2年生の秋—春

2011年・秋—2012年・春

２０１１年８月、夏の甲子園で無念の初戦敗退を喫した花巻東は３年生が引退。最上級生になった大谷翔平らが中心となった新チームがすぐに結成された。だが、その新チームのマウンドに大谷の姿はなかった。打者として先発のスタメンに連ねていたその名も消えていた。左足のケガの治療を優先したからである。

チームは秋の岩手県大会出場を目指し、この秋初となる公式戦の花巻地区予選に挑み、初戦の花巻北戦は10－0で６回コールド勝ちを収める。３番・ショートで出場した太田知将が２打席連続の２点本塁打を放つ大活躍。投打の中心である大谷の故障離脱を感じさせない完勝ぶりであった。しかしその試合後のこと。大谷の左太もも裏痛の症状が、実は左股関節の骨端線損傷だったことを佐々木洋監督が明かしたのである。これまで肉離れと伝えられていたが、複数の病院での診断の結果判明した。骨端線損傷は成長期に激しい運動をするとなりやすいケガで、骨端線という軟骨が傷つくことで起きる。手術などは行わず、当時の大谷は痛みが出ない範囲で練習を続けていたのだった。

その間もチームは花巻地区予選で快進撃を続ける。続く花巻青雲との代表決定戦も６－１で快勝し、難なく岩手県大会進出を決める。最後は花巻南との第１第２代表決定戦も８－１の７回コールド勝ち。大谷を欠いても磐石の試合ぶりをみせつけていた。

迎えた秋の岩手県大会本選。花巻東は初戦から花泉を６－１、高田を11－１（５回コールド）と撃破し、準々決勝に進出。県内最大のライバル校と目される盛岡大附と対戦することとなる。試合は花巻東の先発左腕・小原大樹が1回裏に盛岡大附・佐藤廉にスリーベースを打たれ、1点を先制されてしまう。その後は投手戦となり、7回を終わって0－1のまま。しかし迎えた8回表に花巻東は大向優司のセカンド強襲安打に一塁への悪送球が絡んでチャンスを作ると太田が一、二塁間を破るヒットを放ち、2－1と試合をひっくり返したのである。試合はそのまま花巻東が逃げ切るかと思われたが、9回裏二死無走者から盛岡大附の藤田貴暉が意地のツーベースヒット。続く代打・三浦智聡選手の打球がライト前に落ちるポテンヒットとなり、同点とされてしまう。試合は延長戦へと突入し、迎えた11回表だった。花巻東は連続死球で無死一、二塁のチャンスを作ると、相手のエラーを誘う高橋恒の三塁前へのバントと後藤湧大のショートゴロで3点を勝ち越し。その裏、この3点を守りきった花巻東が5－2で勝利したのだった。

岩手県大会決勝・一関学院戦
大谷翔平は代打で登場

続く準決勝は先発右腕の佐々木毅が好投し、盛岡四を11－1の5回コールドで一蹴。ついに決勝戦へと駒を進めた。相手は前年秋の岩手県大会で苦杯をなめた一関学院である。試合は1回表に花巻東が泉澤直樹の犠牲フライでいきなり1点を先制。さらに4回表には相手のエラーと押し出しのフォアボールで2点を追加。5回表と6回表にも1点ずつを加え5－0と試合の主導権を完全に握る展開となる。すると続く7回表だった。チャンスの場面で花巻東ベンチは代打・大谷をコールしたのである。球場内がどよめくなか、大谷は見事に鋭い打球をライト前に飛ばし、さらに1点を追加。6－0となり、これで完全に試合が決まった。対する一関学院は6回裏にヒット、盗塁、フォアボールなどで一死満塁。この試合最大のチャンスを作るも、後続が倒れ得点ならず。逆に花巻東は先発左腕の小原がこの6回裏以外は三塁を踏ませない安定したピッチングを展開。一関学院にはチャンスを作らせるものの、4度も併殺に仕留めるなど、6－0の完封勝ちを収めたのだった。

　こうして岩手県1位で秋の東北大会へ進出した花巻東。その初戦の相手は日大山形となったのだが、試合は思わぬ乱打戦となる。花巻東の先発は岩手県大会決勝で完封勝利を挙げている小原。その小原が立ち上がりから大乱調で、2回表までに狗飼《いぬかい》将吾の3ランホームランなどで6失点を喫してしまう。それでも花巻東も反撃し、3回裏に一挙5得点。試合は点の取り合いとなり、9回表を終わって6－8と花巻東が2点を追う展開となっていた。その土壇場の9回裏、無死満塁のチャンスを作ると高橋翔飛の右越え二塁打で同点とし、さらに無死満塁から佐々木隆貴の中越え打が飛び出し、9－8。劇的な逆転サヨナラ勝ちを収めた。佐々木隆はサヨナラ打を含む4安打を放つ大活躍だった。なおこの試合、大谷はチャンスの場面で代打出場し、レフトフライに倒れている。

花巻東は続く準々決勝の学法福島戦も大苦戦。初回一死一、二塁のピンチからファーストを守る高橋翔がサードからの送球を後ろにそらし、これが併殺崩れとなり二塁ランナーの生還を許してしまう。対する花巻東打線は相手のエース右腕・谷地哉耶《やちさいや》の前にヒットは出るものの、要所を締められ〝0行進〟が続く。それでも8回裏に二死一、二塁のチャンスをつかむと佐々木隆が左前に適時打を放ち、ようやく同点に追いついたのだった。その直後の9回表、一死満塁のピンチを招いたものの、1回表に手痛いエラーを犯した高橋翔が今度は華麗にゴロをさばき、ダブルプレーでピンチを切り抜ける。直後の9回裏、花巻東は左前安打の大向優司が暴投で二塁へ。最後はキャプテンの大澤永貴が中前適時打を放ち、2－1。2試合連続の劇的なサヨナラ勝ちでベスト4に進出した。

3番・レフトで先発出場した大谷
しかし、相手投手の前に苦戦

迎えた準決勝。この試合に勝てば、翌年春の選抜出場がグッと近づく。その運命の一戦の相手は青森の強豪・光星学院（現・八戸学院光星）であった。この強敵相手に花巻東は大谷を3番・レフトのスタメンで起用。するとそのバットが期待に応える。1回表に相手の3番・田村龍弘（千葉ロッテ）のレフトへのソロホームランで1点を先制されたその裏だった。大谷は中堅への二塁打を放ち、同点としたのだ。花巻東はこの回さらに田中大樹の満塁本塁打などで5得点。4回裏にも大澤の三塁打などで追加点を挙げ、6－1とリードを広げる。これで主導権を握ったかと思われたが、その前に立ちはだかったのが、田村だった。4－6で迎えた6回表二死二塁の場面で内角高めの直球を捉えると、打球はレフトを守っていた大谷のはるか上を越え、スタンド上段にこの試合2本目のホームランとなって突き刺さったのである。

それでも花巻東はその裏、すかさず突き放す。一死一、二塁のチャンスをつかむとキャプテンの大澤が勝ち越しの適時打を放って再び2点をリード。

だが、両チーム計27安打を放った乱打戦を制したのは光星学院であった。花巻東は8－6と2点をリードした8回表に、相手の1、2番・天久翔斗と村瀬大樹の連打やエラーで同点に追いつかれる。そして8－8で迎えた9回表にも一死一、三塁のピンチを招くとリリーフ登板した左腕・小原が天久に右前適時打を浴び、これが決勝点に。その裏、花巻東は光星学院のエース・城間竜兵から大谷がライトへ推定140メートル級の大飛球を放つも、これがわずかにファウルとなってしまう。この試合、大谷はセンターとライトへ二塁打を放つなど、3打数2安打1打点2四球と活躍した。それでも8－9の惜敗に「自分が投げて抑えたい気持ちがありました」と投げられなかった悔しさを覗かせた。立ち投げができる状態まで回復していたものの、「将来があるので、投げさせないと決めていた」と佐々木監督。マウンドには立てなかったが、それでもピッチングと同様、非凡なセンスを持つ打撃では力を発揮。この秋の公式戦では5試合に出場して9打数4安打2打点で打率4割4分4厘をマーク。練習試合を含めると、16試合で25打数12安打9打点、なんと4割8分という高打率だったのだ。

「今の段階では調子がいいとは言えないけど、これから上げていけばいい。1カ月あれば大丈夫」

秋の東北大会ではベスト4で敗退したこともあり、当初、花巻東の春の選抜出場は絶望と見られていた。しかし、東北大会優勝の光星学院が秋の明治神宮大会も制覇したことで東北地区に明治神宮枠（プラス1枠）が回ってきたのである。同じく準決勝で敗れた青森山田が不祥事により推薦を辞退したことで、花巻東に当確ランプが灯ることに。準決勝で光星学院にまさかの大逆転負けを喫したものの、攻撃陣は高校通算30本塁打超の大谷を筆頭に東北大会の3試合で19得点と破壊力抜群。あとは最速151キロ、超高校級右腕の投手・大谷が復帰さえすれば、全国の頂点を狙える陣容になる。高校野球史上初となる優勝旗の〝白河の関越え〟を期待する声が日増しに強くなっていくのであった。

投手・大谷が左股関節のケガから順調な回復ぶりをアピールしたのは、翌2012年2月中旬に行われた花巻東の静岡合宿でのことである。春の選抜をにらんでシート打撃に登板。5割程度の力で打者17人に対し、54球を投げ、被安打4、与四死球2、奪三振2。前年夏の甲子園以来、約半年ぶりに実戦形式での投球を再開したばかりだが、長い手足をしなやかに使う投球フォームは健在で、「今の段階では調子がいいとは言えないけど、これから上げていけばいい。1カ月あれば大丈夫」と自信を覗かせていた。

さらに練習試合が解禁となった翌3月上旬には東大阪大柏原と対戦。〝3番・ライト〟で先発出場すると、打っては高校通算35発目となる2打席連続ホームランをマークする。1本目は5回の第3打席だった。真ん中のストレートを強振すると、右中間へ伸びる弾丸ライナーとなるホームランに。続く7回の第4打席でも内角低めの直球を再び右中間に弾き返す圧巻の2打席連続ホームラン。ともに推定飛距離は130メートルで、本人も「あそこまで飛ぶとは思わなかった」と目を丸くする衝撃弾だった。

この練習試合は投手・大谷の復帰戦となった。この前年夏の甲子園1回戦の帝京戦以来、214日ぶりに対外試合に登板したのだ。「制球だけ意識して投げた」と言いつつも、ストレートは最速146キロを記録し、3回を投げて無安打無失点、3奪三振の好投である。「思ったより投げられたけど、制球がまだまだ」と振り返った大谷だったが、この翌日も好投をみせた。東洋大姫路（兵庫）との練習試合で今回は先発。2回まではスライダーなどの変化球を中心に投球を組み立て、3、4回はストレートで押した。結果、2日連続で球速146キロを叩き出すなど、4回を投げて被安打3、奪三振5、無失点と躍動したのである。

その3日後に行われた報徳学園（兵庫）との練習試合でも先発。4回を投げ、無安打、奪三振4、無失点と完璧なピッチングを披露。最速は143キロをマークした。打っても4番に座り、初回の適時打を含む2安打1打点と、しっかりと活躍している。

春の選抜に出場が決定
大阪桐蔭を想定して投げた二つのフォークボール

さらにその4日後、今度は龍谷大平安（京都）との練習試合で登板。前年夏のケガ以降、最長となる6回を投げた。結果は被安打1、奪三振10、もちろん無失点ピッチングである。

しかも2月の静岡合宿で味方打線に試したところ、「好感触だった」という新球フォークに手応えをつかむ快投となった。なんと10三振のうち、6三振を速度の違う2種類のフォークで奪ったのだ。

この前日に初戦の相手が大阪桐蔭と決まり、「桐蔭さん相手に直球だけでは厳しい」と大谷は冷静に分析していた。

そこで、龍谷大平安には早く小さく落ちてカウントも取れる球と三振を狙って大きく落とす球という2種類のフォークを試したのである。129キロを始めとする120キロ台と119キロ以下の110キロ台。計79球のうち、この二つのフォークが約4割を占めたが、「低めにいった球は、いい感じだったと思う」と納得の表情を見せた。この日は、最速146キロの速球と最も遅い97キロのスローカーブを織り交ぜた。許した安打がショートへの内野安打だけで三塁を踏ませず、得点圏にランナーを背負うことがなかった。これで投手・大谷は2012年の対外試合解禁後、4試合に登板、17回を投げ、被安打4、奪三振22、無失点。「粘っこく振りの鋭い関西のチームを相手に0点で抑えられたのはよかった」とは大谷による自己分析だ。左股関節の骨端線損傷から復活を目指すエースは間違いなく復調しつつある、順調仕に上がっている。誰もがそう思った。迎える甲子園本番、そんな大谷に、思わぬ展開が待っていようとは誰も知る由もなかった。

証言

小原大樹

花巻東

大谷翔平と共に
甲子園で投げた投手

高校2年生の夏、甲子園での帝京戦に先発。
ケガの多かった大谷翔平を支え、地区予選でも
見事な投球を見せていた。
“もう1人の投手“から見た大谷翔平とは—

写真 星川洋助

小原大樹（おばら・だいき）

1994年生まれ。岩手県出身。小学4年生のときから野球を始め、花巻東では2番手投手として活躍。慶応義塾大〜日本製紙石巻〜四国アイランドリーグplusの徳島インディゴソックスなどでプレーし、2020年に現役を引退。21年春に岩手めんこいテレビに入社し、24年6月末で退社。現在はサイバーエージェントに就職し、グループ会社のAbema TVに在籍している。

――小原さんはそもそもいつごろから野球をやり始めたのでしょうか。

小原大樹（以下、小原） 小学4年生の春からです。リトルリーグの上田バンビーズというチームに所属していました。

――そのときの打順とポジションは4番で外野手ですよね。

小原 そうです。外野は主にセンターを守っていました。コントロールが悪かったのでまだ投手はさせてもらえなかったんです。ただ、バンビーズ時代の最後のほうでは投げる人がいなかったので少しずつ投げるようになりました。主戦投手を任されるようになったのは中学に入ってからです。

――その当時からすでに〝大谷翔平〟の名は地元では轟いていたのでしょうか。

小原 自分自身、バンビーズに入った時点で飛ばしたり、投げたりというのは自信があったほうだったんです。ところが「いやもっと凄いヤツが同級生にいる」という噂を聞きました。当然見たこともなくて話だけですが、同じバンビーズのチームメートから聞いたんです。ただ当時、自分は自信満々だったので「そんなにたいしたことないだろう」と思ったのですが、初めて見たときから〝とんでもなかった〟という感じでした。

――といいますと？

小原 リトルリーグというのは4年生までが低学年のチームなのですが、大谷は4年生の段階で5年生からの高学年チームに混ざっていました。たまたま僕が見に行った試合で先頭打者初球ホームラン。センターに弾丸ライナーで運んで、それを見たときはちょっと衝撃を受けました。4年生が高学年のチームに入って、1打席目のファーストスイングで、しかも弾丸ライナーでセンターにホームラン打っている姿は衝撃以外の何物でもなかったです。

本当にあのバッティングは衝撃的、ライトを守っていた選手も一歩も動けなかったはずです

――打者・大谷との初対戦はいつごろでしたか？

小原　小学校6年生くらいのときです。そのときは確かホームランになるかならないかぐらいのレフトフライを打たれました。

――その後、対戦していくなかで、いろいろ印象に残っている場面があると聞きました。

小原　リトルリーグは中学1年生の秋、9月までなのですが、その最後の大会です。1回戦だったと思います。大谷はほぼ全試合でホームランを打つという感じでした。そうでなくても高い確率で点につながる選手だったので、監督からは基本的には「勝負するな」という指示が出ていました。リトルリーグでは当時、敬遠がなかったので、ギリギリの勝負をしてい

る感じで、キャッチャーには右バッターボックスの高めに構えてもらいました。こちらは当然フォアボールを出そうと右打者の頭あたりを狙って投げたのですが、それを右手1本でホームランにされました。

――それは流し打ちですか？

小原　引っ張っています。右の手首を返して見事なまでにライトのポール際まで運ばれました。あそこにバットが届くのもそうですが、外角高め、それも速球だったのであそこまで運ばれるとは思いませんでした。本当にあのバッティングは衝撃的。ライトを守っていた選手もビックリして一歩も動けなかったはずです。

――そこから数年後、まさか花巻東でチームメートになると思っていましたか。

小原　当時、同じシニア界隈では彼は岩手県外の高校に行くのではないかという噂がささやかれていたので、個人的には「大谷が同じ県内にいないのはラッキーだな」と思っていました（笑）。ところが入試会場に行ったらいるわけです（苦笑）。すべり止めを受ける感じではなくて〝推薦〟の試験の日にいるので。「あれ？　推薦って併願できるんだっけ？」「ちょっと話が違うぞ！」みたいな感じで少し動揺しました。試験前にかなり心を揺さぶられたのを覚えています。今となっては懐かしい思い出ですが。

――そもそも小原さんが花巻東を志望した理由は何ですか。2009年の甲子園での花巻東の活躍（菊池雄星を擁し、春の選抜準優勝・夏の選手権ベスト4）を見て、この高校にしようと思ったのでしょうか。

小原　そうです。進学校に進む予定だったのですが、雄星さんたちが甲子園で大活躍されたというのが大きかったです。岩手県のチームというのは、甲子園で勝ち上がるイメージがあまりありませんでした。同じ岩手県で育った先輩が全国で勝たれているのを見て、「やっぱり自分たちも行きたいなと。あのチームであのユニホームを着て甲子園に行きたいな」と思いました。雄星さんたちは惜しくも準優勝だったので、逆に何か「あっ、自分たちのために〝優勝〟を残していただいたな」という感覚もあったので、入学を決意しました。

大谷は1年生の秋からエースナンバーの1番を背負っています

――花巻東入学以降の話を聞きたいのですが、大谷選手は1年生の春の県大会から背番号をもらってベンチ入りしていたのです。

小原　1年生の春からです。我々新入生は、中学校を卒業して高校に入学する間の春休みのタイミングで入寮していました。そのときは2、3年生の主力メンバーは関東に遠征に行っているのですが、その先輩たちが戻ってきた翌日から大谷ともう1人、太田（知将）という選手がいて、その2人は1軍に合流していました。

――もう、モノが違っていたということですね。

小原　そういう感じです。1年生だけで春休みのときは一緒に練習していたのですが、2、3年生が練習に加わると普通は身体のサイズも違うし……となります。しかし、大谷はもう馴染んでいました。頭一つ抜けている感じを漂わせていて。その集団やコミュニティーへの適応力といったところも凄かったなっていう感覚はあります。

――ベンチ入りはしていたが、夏の岩手大会は1試合だけの出場で、しかも1打席のみだった。

小原　僕の記憶が合っていればですが、春の県大会は野手として4番・ライトでほぼフルで出場していました。夏は「ピッチャー・大谷」としての起用という意向だったようで野手としての出場はしていないはずです。おそらく途中出場して1打数1安打だった記憶です。10年以上前の記憶なので合っているか怪しいですが（笑）。

――結局、1年夏は県大会でチームは敗退。直後に結成された新チームで大谷選手はエースナンバーの「1」を背負うことになりました。

小原　そうです。1年生の秋から1番を背負っています。

――高校時代の大谷選手はケガに悩まされていたという印象が強いのですが、それは体質的なものだったのでしょうか。そこはチームメートとしてどう見ていましたか。

小原　フィジカルと本人の身体能力がまだ噛み合っていなかったのではないでしょうか。筋力的にもそうですし、成長期だったこともあるかと思います。つまり本人が〝できてしまうこと〟に対してイメージとフィジカルが合致していなかったというところが、ケガが多かった理由なのかなと思います。

――花巻東の佐々木（洋）監督も無理はさせないように使おうとしていました。

小原　ストップをかけないと無理をしてしまう大谷の性格を考慮して最善の注意を払っていたように個人的には見えていました。

まさかあの夏の岩手県大会決勝戦で、盛岡三との対戦が実現するとは思っていなかった

――印象的だったのが、2011年、2年生夏の岩手県大会のときです。大谷選手は左脚にケガを負っていて、ほぼ投げていなかったのですが、小原さんが主戦投手となって勝ち抜いて甲子園出場を果たしています。まさに獅子奮迅の活躍でした。

小原　その点は、投げたイニングだけ見ると頑張ったなと思います。当時はとにかく〝イニングイーター（投球回数を稼げる投手）〟でした（笑）。

――その後、小原さんは準決勝の盛岡四戦はリリーフ登板、決勝戦の盛岡三戦では先発して見事に完封勝ちを収めています。この当時はどんな心境で試合に臨んでいたのでしょうか？例えば自分がやらなきゃいけない、みたいな感じでしたか。

小原　やるしかなかったです。大谷が投げられないという状況でもう1人、そのときに佐々木毅《つよし》という同学年の右ピッチャーがいたのですが、「自分たち2人でやるしかないね」という話をしていました。監督からも「交代・交代で先発を組んでいくから」という指示が前もってありました。先発した試合は全試合1人で投げ切るつもりで行ってほしいという話だったので、そこまで信頼していただいたのですごく嬉しかったのを覚えています。「これはやるしかない」と完全に強い気持ちで向かっていきました。

――5－0で完封勝ちを収めた決勝戦の盛岡三戦が、このときの夏の小原さんのベストピッチングといってもいいと思います。

小原　実はこの試合、ランナー二塁のピンチの場面がありました。そのときライトを守っていた大谷が本塁までノーバウンドのダイレクト送球でランナーを刺したことで、相手に先制点を許さなかった。そのおかげで完封できた気がしますが、間違いなくベストピッチになるかなと思います。他にも個人的な理由もありました。僕は本当は盛岡三に行く予定だったんです。父が盛岡三の教師をしていた関係もあって同校に進学する予定でした。父にはずっと進学校を勧められていたですが、自分としては私立に行きたいと思っていました。唯一、父親を見返せるタイミングだったということがありました。でも、まさかあの夏の決勝戦で盛岡三との対戦が実現するとは思っていなかった。自分としては個人的にも家族的にもすごく燃えていた一戦でした。

ケガをしている大谷を休ませてあげたかった、「本当に申し訳ないな」という気持ちでした

——念願だった甲子園出場を決めたわけですが、初戦の相手がまさかの強豪・帝京（東東京）でした。

小原　〝テレビの中のチーム〟ですよね、僕らのような田舎者からすると（笑）。しかも優勝候補にも挙げられていました。

——佐々木監督からは対帝京打線対策みたいなものはあったのでしょうか？　攻め方の指示みたいなものはありましたか？

小原　当時言われたことは「インコース主体で行く」ということ。帝京は強力な打線ではありましたが、実際にいろいろなデータや、過去の東東京大会の勝ち上がり方を見てみると全部アウトコースを打っていました。つまり、どのチームもみんなインコースを怖がって攻めていけていなかったのです。そこでインコースでいこうと。「インコース、インコース」という結論でした。

――ただ、試合ではその執拗なインコース攻めが裏目に出てしまった感じもありました。攻めてはいますが、デッドボールをかなり与えてしまいました。

小原　なかなか思うようにはいかなかったですね。〝タラレバ〟ではありますが、もっとうまく投げ切れたのではないかなという思いはあります。勝てた試合だった、自分がもう少しちゃんとしていれば。

――かなり苦闘していた印象もあったのですが、それは緊張のせいだったのですか。

小原　確かに緊張もありました。舞い上がってもいました。でも一番大きかったのは自分が思っていたところに投げられなかったことでしょうか。ストライクゾーンと審判との適応、そこら辺もうまくできなかったというところはあります。

――結局4回途中まで投げてピッチャー交代となりました。

小原　3回1/3を投げて5失点していますね。

――最後は相手の3番打者だった伊藤拓郎選手にデッドボールを与えてピンチが拡大。1アウト一、三塁という場面で大谷選手がライトからマウンドに登りました。あのタイミングで代わるというのは？　心境的にはもう仕方がないという感じでしたか。

小原　「もう本当に申し訳ない」という気持ちのみです。ケガをしている大谷を休ませてあげたかったですし、「仕方ない」ではなくてどちらかというと、「本当に申し訳ないな」という気持ちでした。

2年生の夏に甲子園を経験させていただいた次は本当に「日本一になれる」という感覚はありました

――試合前に佐々木監督は「小原には5回までは投げてほしい」と期待をかけていました。いわばあのピンチはまさに正念場だったわけですが、本人的には限界というか、やはりキツかったのでしょうか？

小原　キツかったといえばキツかったです。自滅や流れ的なものもあるかとは思いますが、マウンドを降りたくはなかったです。しかし冷静に客観的にみれば仕方のないタイミングでの交代だったと思います。あのときは悔しさだけしかなかったです。

――あの夏の大谷選手はケガの影響で岩手県大会では1回⅔しか投げていませんでした。ゲーム感覚がなかったのに、代わった直後の初球でいきなり148キロをマーク。その後もかなりの力投ぶりで、まさにその凄さの一端を見たという感じでした。

小原　骨折していたのに甲子園で150キロをマークしたという事実だけで他人との違いを感じざるを得ないというか。誰もが期待をする場面で力を発揮できるので、モノが違うなというのを感じたことを覚えています。

――結局、試合は7－8という大激戦で花巻東が惜敗してしまうわけですが、惜しいミスがいくつかありました。特に印象的だったのが9回裏の攻撃です。1アウトから代打の山本（英）選手がレフト前ヒットで出塁しました。

小原　その直後にそれまでずっと一塁コーチャーをしていた佐々木（泉）さんという先輩がそのまま代走に入って盗塁を決めました。それだけでも感動したのですが、このとき打席に入っていた僕の同期の佐々木（隆貴）が、キャッチャーの二塁送球を妨害したということでアウトになってしまいました。この結果は衝撃的でした。

――打者だった佐々木選手はバントの構えをしていました。そこにアウトコース高めの球がきたので思わず身体が打席から前に踏み出してしまった感じでした。同点のランナーが一塁に出て、球場内の空気が変わっていただけにもったいなかった。

小原　（東日本大震災で）地元を大きく被災した彼が、この試合は特に強い思いを持って臨んでいました。何とかしなきゃという思いが強かった結果、守備妨害を取られ何ともいえない状況で……。球場の雰囲気も独特でしたね。

――あの年の花巻東はセンターラインが全員2年生でした。そのチームが優勝候補の帝京と接戦を演じたから、見ていた側としては来年どのくらい強いチームになるのだろうと思いました。負けたとはいえ、小原さんたちも手応えを感じた試合だったかと思います。

小原　結果的には過信だったかもしれないのですが、本当に「日本一になれる」という感覚はありました。2年生の夏に甲子園を経験させていただいた。それは雄星さんたちの代ではなかったものなので、これは何か行けるかもしれないと。そもそも日本一を目指してやっていたのでそこ以外は考えないようにはしていましたけれど、そういう感触は確かにありました。

――2011年の秋に新チームが結成。ケガの治療に専念するため大谷選手の登板はありませんでしたが、小原さんが主戦投手となって秋の岩手県大会を勝ち抜いて東北大会に出場しました。数字だけ見ると県大会は余裕のある勝ちっぷりです。逆に東北大会は苦戦の連続でした。

小原　東北大会は2試合続けてサヨナラ勝ちしているのですが、特に初戦の日大山形戦はキツかったです。自分が先発したのですが、1、2回で一気に6点取られてしまった。このときの僕らは、春の選抜出場を決めるということと、明治神宮大会で優勝する。この二つがまず秋の目標だったのですが、ここを落としたら明治神宮大会どころかもう春の選抜も何もない。なので6点取られたときは正直「終わった」と思いました。それでもチームとしてはコールド負けだけは避けようと。攻撃するにしても5回までに1点ずつ詰めていけば希望はあるからと。すると僕がライトに下がったあとの攻撃で5点取り返してくれた。その後、8回、9回とまた僕がマウンドに戻ったのですが、この場面はもう気合だけ、チームに貢献したいという一心でした。

――試合経過を見ると6－6の同点に追いついてからは試合が落ち着いた感じです。そこから2点は取られましたが、それ以上の余分な失点を与えなかったことが9回裏の逆転サヨナラ勝ちに繋がったのでしょうか？

小原　僕の後に投げた佐々木（毅）も頑張ってくれて、僕は投手ではダメでしたけれど野手として少しは貢献できた気がします。結果的に9－8で勝つのですが、日大山形戦は本当に苦しい試合でした。

僕らとしてはもう1回翔平を甲子園に連れて行って投げさせてあげたいという気持ちでした

――続く学法福島戦は一転して投手戦になりました。2－1での9回サヨナラ勝ちです。

小原　学法福島の谷地（哉耶）投手はかなりの好投手だというのは知っていました。当時の大谷も、「彼が一番いいピッチャーだ」と言っていました。それくらい凄い投手でした。

――大谷選手は具体的にどの辺りが凄いと言っていたのでしょうか？

小原　大谷が言っていたのは「（谷地投手は）ストレートとスライダーの投げ方がまったく一緒で見分けがつかない」と。凄く嫌がっていました。もの凄くいい投手だと。この試合、確か大谷はヒットを打っていないと思います。打っていたらもう少し点が入っているはずです。

――そして準決勝の光星学院（現・八戸学院光星＝青森）戦も1点差ゲームとなりました。

小原　僕は最初と最後に投げました。9回表に2アウトランナー二塁の場面で登板して、天久（翔斗）選手にライト前へ打たれて、それが決勝点になってしまいました。

――結果、8－9の惜敗となるのですが、勝った光星学院がその後に秋の明治神宮大会で優勝したことで東北地区に明治神宮枠（1枠）が回ってきました。そして花巻東が2012年の春の選抜に選ばれたわけです。この秋のチームの戦いぶりを改めて見てみると小原さんと佐々木（毅）さんの奮闘ぶりが窺えます。かたや大谷選手はケガで投げられなかった分、打撃で2人を盛り立てていったという感じでしょうか。

小原　大谷が打線にいるのといないのとでは相手に対するプレッシャーもかなり違いますし、球場中の雰囲気が変わるんです。彼の存在がいかに大きいのかということだと思います。点に絡んだかどうかは別としてやっぱり大きいものはありました。

――この秋の間、投げられなかった大谷選手からは、2人に何か言葉はあったのでしょうか？例えば「申し訳ない」とか。

小原　それはなかったですが、「できることはするから何とか頑張ってくれ」という話はずっとしてくれていました。自分と佐々木（毅）も、大谷本人が一番悔しいというのは分かっていましたし。投げたいのに投げられないという状態だった。僕らとしてはもう1回翔平を甲子園に連れて行って投げさせてあげたいという気持ちでした。

「スライダーを打つ」と宣言して打席に立って本当にスライダーをホームランにしました

――そして迎えた春の選抜です。初戦の相手は大阪桐蔭。またもや強敵との対戦です。高校野球ファンからしたらまさに1回戦屈指の好カードとなったのですが、この大一番で花巻東の先発は誰なのだろうと。本番直前の練習試合で大谷選手が6回くらい投げて好投したというのは事前情報として伝わってきていたのですが、それでも秋の大会でまったく投げていない大谷選手を大阪桐蔭相手に投げさせるのかなと。それならば小原さんかなと思った人も多いと思います。

小原　僕も投げるつもりではいました。ただ、実はそのとき肩の調子がちょっと良くなかったのです。それがなければ僕が先発していた可能性もゼロではなかったかと思います。そういう状態でもあり、2回戦以降に投げられるように調整していました。

――あの試合、5回までは2-0で勝っていました。ただ、6回以降に投手・大谷が攻略されて、計9失点、2-9の逆転負けとなりました。

小原　大阪桐蔭は強かったです。スイング自体からしてちょっと次元が違うなと思いました。ピッチャーとしても完成度は藤浪（晋太郎）投手のほうが当時は上だったと思います。本当にレベルの差を感じた試合でした。

――ただ、2回裏の初打席で大谷選手は藤浪投手からライトスタンドに放り込んでいます。あのホームランは今の大谷選手の大活躍を予感させる1発だったように思います。

小原　本人は打席に向かう前に「藤浪投手のウイニングショットを最初に打っておかないと」と言っていました。ピッチャーが自信を持つとのってしまって、いいピッチングをされてしまう。そうなると厄介ですから。だから「スライダーを打つ」と宣言して打席に立ってスライダーをホームランにしました。予告ホームランというと話は大きくなってしまいますが、確実に相手の心理状態を分析しつつ、狙い球をしっかり絞っていた。クレバーかつそれを体現したというのは鳥肌が立ちました。

「カウント3-2までいってストレートを要求したら160キロ出るんじゃないか」という雰囲気はありました

――結局、春の選抜も初戦敗退という残念な結果に終わってしまいました。そして最後の夏の大会を迎えることとなります。このときの夏の岩手県大会では小原さんは何試合くらい登板していたんでしょうか？

小原　2試合、投げています。特に3－0で勝った準々決勝の盛岡四戦は9回の1アウトくらいまで投げているはずです。その後に大谷が行きました。

――結果的に次の準決勝の一関学院戦で投手・大谷は160キロを叩き出します。ほぼ体調は戻っていたと考えていいのですか？

小原　もう県内では手がつけられないくらいの勢いでした。

――ほぼ無双状態で迎えた準決勝の一関学院戦の6回表に大谷選手は日本の高校生では初となる球速160キロをマークしましたが、その瞬間の球場の雰囲気はどんな感じだったのでしょう？

小原　あの瞬間のどよめきは一生忘れられないです。

――小原さんも、ひょっとしてこの試合で160キロを出すのではないかと思われたのでは？

小原　バッターは相手のエースだった鈴木（匡哉）選手（現・JR九州勤務）でした。その初球で157キロを出したあとに158キロか159キロを出して、1キロずつくらい数字が上がっていきました。「これカウント3－2までいってストレートを要求したら160キロ出るんじゃないか」という雰囲気はありました。といいますか、「出してほしい」と。本人が目指していた数字でもあったので。160キロは当時の高校生、ましてやプロ野球でも日本人選手が投げるということが信じられない数字でした。「いや無理だろ」と思っていた自分もいましたし。それでも大谷の目標というか夢みたいなものが叶う瞬間を見てみたいというファンみたいな心理状態ではありました。

160キロは投げたけれども投手としての完成度は発展途上だったような気がします

――160キロを出したニュースが日本中に広がってさらに大谷選手への注目度が高まりました。そんな状況で決勝の盛岡大附戦を迎えます。あの試合、3回表に大谷選手が相手4番の二橋（大地）選手（三菱重工West）に3ランホームランを打たれたのですが、レフトのポール際に飛び込んだ微妙な打球だったので、実はファウルだったのではと今でも言われています。実際にプレーしていた側としてはあの打球はどう見えていたのでしょうか？

小原　ファウルか否かは僕らの角度からは分かりませんが、ファウルであって欲しいと思いましたし、そう思う時点で少し相手に対する劣勢な感情を個人的には感じたので、振り返るとより悔しいです。

――盛岡大附戦は3－5で惜敗となりましたが、1－5で迎えた9回裏に2点返した粘りは見事でした。

小原　２点のうちの１点は大谷のライト前タイムリーです。そこからサヨナラにする雰囲気はあったのですが、終わってみればあの３ランが痛かった。何にもまして相手の出口（心海）投手が良かった。気合が違っていました。でも本当にいい試合でした。

――改めて振り返ってみると二橋選手に打たれた球はインコース高めだったのですが、あの球が低めに決まっていたら多分打てなかったのではないかと。当時の投手・大谷は今と違って低めへの制球力という点で甘さがあったのでしょうか？

小原　１６０キロは投げたけれども投手としての完成度は今の彼を想像できない、発展途上だったような気がします。もちろん能力の高さはあるのですが、勝つということに関してはまだどこか足りない部分があったのかなと思います。

――投手・大谷と打者・大谷でしたら、高校時代は打者・大谷のほうが上だった？

小原　高校時代に限らず、今も打者としての能力の方が高いと思っています。小学校のころからずっとそう思っています。

――正直、大谷選手のあの才能が自分にもあればと、嫉妬したりしたことはありましたか？

小原　嫉妬というよりはどちらかの才能が欲しいとは思っていました。「単純にピッチャーの才能かバッターの才能かどちらかください」と（笑）。当時、せめて球速だけでもいいから欲しかったです。

――逆に当時の投手・小原が投手・大谷に勝っていた部分があれば教えてください。

小原 ボールが速いこと以外は勝っているなという感じはありました。コントロールや好不調の波が少なかった点です。大谷の球は速かったですが、その球も日常で見ているので、本当に速いのかどうか、自分の感覚がおかしくなっていて分からないという（笑）。

――ただ、人によっては速いだけで実は棒球だという投手もいます。

小原 球速自体は速かったですが、意外とバットには当てられていた印象もあります。

――他に勝っていた部分というと？

小原 イニングを投げる、アウトを重ねるということに関しては、当時は負けていないなという感覚はありました。

――高校時代の投手・小原が高校時代の打者・大谷と対戦するとしたら、どういう攻め方をしますか？

小原 カーブを連発します。実は中1の秋に打たれて以降、1回も打たれていません。高校に入ってからのチーム内対戦でも打たれた記憶がないのです。相性は良かった。小学校のときはボコボコにされていましたけど（笑）。

大谷が「このメンバーなら日本一を狙える」と思って花巻東に来たと聞いています

――ここで話題をドラフトの話に変えたいのですが、当初はメジャー1本と言っていた大谷選手を北海道日本ハムファイターズが敢然と指名してきました。あの一連の流れはどのように見ていましたか？

小原　僕らはもうメジャーに挑戦すると思っていたので、日本ハムが指名をした時は驚きました。「アメリカへ行くと言っているのになぜ指名したんだろう」と。

――あの時点まではもう本当にメジャーに行くと？

小原　僕ら同期はメジャーに行くと思っていました。一方で何か僕らができることとかは特にないので、そっとしておくことが思いやりかと思っていました。

――ファイターズは〝二刀流に挑戦〟というプレゼンをして、見事に入団にこぎつけましたが、プロで本当に二刀流をやれると思いましたか？

小原　当時はプロの世界に入ったらどちらかに絞らなければいけないというのが当たり前だったので、僕はバッターで行くのだろうと思っていました。バッターとしての大谷は早い段階でプロでもアジャストすると思いました。ピッチャーとしての大谷は未知数だったので、「どうなんだろう？」という感じで当時は見ていました。とはいえ、大谷がやらなかったら、今後も誰もできないのだろうという感覚もありました。ピッチャーとしては凄く努力して、ここまでの積み上げで今の「投手・大谷」になったのかなと。スイーパーを投げるようなピッチャーではなかったですし、想像以上に努力したのではないかと思います。

——大谷選手と違う高校に行っていたらと考えたことはありますか？

小原　ありますが、むしろ敵にしなくて良かったなと思います(笑)。一緒にやりたいという気持ちはありました、どこかに。先ほど大谷は県外に行くという話もあったと言いましたが、のちに分かったのは、僕も含めて推薦で花巻東に来るメンバーを聞いて、大谷が「このメンバーなら日本一を狙える」と思って花巻東に来たと聞いています。雄星さんのときはその逆で「雄星さんが行くから」ということでみんながついてきた状態だったのですが、大谷の場合は僕らがいるから彼が来たという状態でしたので、凄く嬉しかったのを覚えています。

自身がアメリカで勝負できるか肌で感じたいと思いました

——小原さんの卒業後の話題になりますが、小原さんはずっとプロを目指していたと聞いています。その上で慶應義塾大学へ進学していますが、これは大学で自身のレベルアップを図ろうとしたということですか？

小原　大学から社会人野球を経て実力をつけてプロに行ければと当時は思っていました。大学では1年生の春に投げていたのですが、後半になってからヒジのほうが怪しくなりまして。そして2年生の春のタイミングで部分損傷してしまいました。当然そのあとは投げられなくて、3年生のときに復帰しました。

——社会人野球では同じ東北で宮城県にある日本製紙石巻でプレーされて都市対抗に出場されていますが、のちにＭＬＢのトライアウトにも挑戦しています。

小原　自身がアメリカで勝負できるか肌で感じたいと思いました。

——そのあとも徳島インディゴソックスという四国の独立リーグの球団でプレーを続けましたが、そこまでの野球人生を振り返ってみてどうでしたか？

小原　ひと言でいうなら「本当に悔いはない」。やりきったという感覚です。メジャーに挑戦したタイミングと独立リーグに行ったタイミングでしたが、初めて自分で意思決定して進路選択しました。野球を通じて本当に人生観、考え方、そういうところの基盤をかなり強くしてもらいました。振り返ってみて〝いい野球人生〟だったなと思いますし、野球を通じてお世話になった方々には感謝しかありません。

――2020年に現役を引退して翌年にはフジテレビ系列の岩手めんこいテレビに入社していますが、これはどういう経緯だったのでしょうか。

小原　大学のときも野球をやらないならテレビ局に行きたいなとぼんやり思っていました。メジャーリーグに挑戦したときのことなのですが、当時フジテレビで放送されていたスポーツニュースの『S PARK』に密着してもらいました。テレビに出たことでいろいろな方からSNSなどにかなりのメッセージを戴きまして、自分が夢を追う上で背中を押された感覚があったので、それと同じことを少しでもやってみたい、応援する側になりたいということで、テレビ局数社にOB訪問をしました。縁があって地元の岩手めんこいテレビへ入社させていただき、入社して1カ月後にフジテレビからの現地派遣という形でメジャーのオールスター戦の取材に行かせていただきました。

――そこではもちろん大谷さんの取材も？

小原　はい。コロラドで行われた、大谷が最初に出場したオールスター戦ですね。

――もうメジャーリーガーの風格は出ていましたか？

小原　出ていました。かなり衝撃的でした。誰も寄せ付けない感じがありました。こちらも少し構えてしまいました（笑）。そもそも「翔平」と呼んではいけないと言われていたので。あくまで大谷選手をリスペクトしなければならない。僕の中では本人に敬語を使う人生がこれまでなかったので、「これどうやって話そうかな」と思いました（笑）。大谷本人もすごくやりづらかったようです。いざ取材に行くと緊張していました。

——野球選手の実力的にはもう立派なメジャーリーガーになっているのですが、それ以外の人間性みたいなものはまったく変わっていなかったという感じでしょうか？

小原　取材の最後のほうで僕が大谷におでこを叩かれたシーンがかなりネット上で出回っていますが、逆に叩かれたことがすごく嬉しかったですね。普通ならイラっとするのですが、「あ、良かった。変わっていなかった。翔平は翔平のままだな」という。変わってなかったので本当にホッとしました。

——その話の流れで高校当時の大谷選手とのエピソード、もしくはごく普通の高校生だったなという一面を教えてください。

小原　大谷と同じで僕も甘いものが好きだったので、当時よくクレープを買いに一緒に行ったりしていました。そういうところは普通でした。その後、知名度が上がったこともあり、外出もなかなかできず、仕方なく僕がお使いでクレープを買ってきたりしていました（笑）。

——ちなみに大谷選手はクレープの何味が好きだったのでしょう。

小原　チョコクレープです。当時の僕らはお小遣い制で100円でも大きな出費だったわけです。なのでチョコバナナクレープは自分たちがちょっと頑張ったときに食べていた記憶があります。100円でバナナをトッピングしてとか（笑）。

大谷は〝満足させてもらえない存在〟、僕は人生をかけて何かで翔平に勝ちたいと思っています

――小原さんは現在、ABEMAに勤務していますね。

小原　サイバーエージェントに入社して、出向という形で今、AbemaTVにいます。

――具体的にはどのような仕事をしているのでしょう？

小原　番組、広告配信、興行のセールスを担当しています。

――スポーツのコンテンツは担当したいところですか？

小原　ゆくゆくは、担当したいです。メジャーリーグも放送していますし、大谷がいるうちにメジャーリーグのファンを増やさないといけないなと感じている部分はあるので、そこは自分の使命なのかと思っています。

――大谷翔平という選手と関わったことで小原さんの人生は変わりましたか？

小原　それはいい方に変わったものもありますし、ネガティブな方向に変わったものも絶対あると思います。ポジティブな部分で言うと〝人を見る目を養える〟ようになったことです。

当時、大谷本人は取材などを受けないタイプでしたので、どうしても僕ら同級生に取材がくる。けれど、取材の人が見ているのは僕じゃない。大谷がいるから僕を見てもらっているという感覚です。18歳の頃から取材を受けているので、もう12年ぐらい大谷のことを話しているわけです。そういった意味では疑いの目ではないですけど、僕を今取材しているこの人は、小原大樹という人間にどこまで興味があるのかなって。そこから転じて仕事においてもこの人は何を見ているのかなという感じで、営業職をやる上で生きています。

――逆にネガティブなものというと？

小原 どうしても、どう頑張っても〝大谷翔平の控え投手〟というレッテルはついて回ります。だからいつか〝小原大樹〟としてやるべきことをやらなければいけないなと。ありがたいようで、個人的には難しさも感じるという。正直、普通に考えたら勝ちようがないわけです。しかし、僕の人生なので、〝小原大樹〟として何か必要とされる場所にいたいですし、そういう場所を作りたいと思っています。

――最後に、大谷翔平という人物を小原さんなりに表現するとします。どう言い表しますか？

小原 〝満足させてもらえない存在〟でしょうか。彼がいるので僕も歩みを止めることができない。今回のキャリアチェンジもそうなのですが、常に「挑戦しよう」というマインドがあるのは、彼自身の生き方に僕も刺激をもらっている部分もあるので。だから「自分にはいつ満足できる人生が来るのだろうな？」と常に思っています。なので〝満足させてもらえない存在〟ですね。もしくは〝刺激をもらえる存在〟と言い換えてもいいかもしれません。どうしてもやっぱり勝ちたい、いまだに大谷に。何をもって勝つかというのは僕も漠然としていますが。昨日も高校の同級生と会う機会があったのですが「お前くらいだよ、翔平に何かで勝とうとしているのは」と言われて。その部分に関して僕は人生をかけて何かで勝ちたいと思っています。

――これからの大谷選手にはどうなって欲しいですか？

小原　記録よりも野球を楽しむことと、自身を上達させることにフォーカスしているように感じます。僕も、呼ばれて少年野球の指導に行く機会もあるのですが、あれこれと指導することはあまりありません。もう「野球を楽しんでください」ということに尽きるというか。ひと口に〝楽しむ〟と言っても非常に難しい。自分の成績がいいから楽しいのか、試合に勝ったから楽しいのか、いろいろ違いますから。各々の楽しみ方をみつけて欲しいなということしかないのです。そのことを僕は大谷から学びました。

ドキュメント

大谷翔平と甲子園

3年生の春

2012.3.21

大阪桐蔭
×
花巻東

大谷翔平が挑んだ2度目の甲子園。
その初戦の相手は優勝候補の筆頭の大阪桐蔭だった。
藤浪晋太郎、森友哉を擁する同年代最強のチーム。
春夏8度の優勝（2025年2月時点）を誇る西谷浩一監督との決戦。
大谷翔平にとって最後の甲子園、そこで何が起きたのか ―

2012年3月21日、第84回春の選抜高校野球大会初日の第3試合、2回裏のマウンドには身長197センチと高校野球史上（当時）、最も高身長の投手がいた。対する打席にはこれも193センチと高身長を誇る強打者が。状況は2－2の平行カウントだった。ここで投手が選んだ勝負球は真ん中低めへの得意球。この1球に対し、打者は懐深く引き込んで、すくい上げる形でフルスイングしたのだった……。

〝浪速のダルビッシュ〟藤浪晋太郎VS〝みちのくのダルビッシュ〟大谷翔平

遡ること、この対戦の6日前。その瞬間、組み合わせ抽選会場となる毎日新聞大阪本社オーバルホールでは予想を超える大歓声が上がった。1回戦、初日の第3試合の対戦カードでいきなり〝究極の顔合わせ〟が実現したからだ。その対戦カードとは〝大阪桐蔭対花巻東〟。実はこの年は、その前年まで7シーズンにわたって日本プロ野球界を席巻したダルビッシュ有（サンディエゴ・パドレス）投手がちょうどメジャーリーグ挑戦を表明した年。そして、ダルビッシュの活躍以後、日本のアマチュア野球界で将来有望な長身の本格派投手が現れると〝◯◯のダルビッシュ〟という異名がマスコミの間でもてはやされた時期でもあった。そんな〝〇〇のダルビッシュ〟がこの年の選抜には2人も出場することになっていたのだ。もちろんともに大会の超目玉投手である。そんな2人がいきなり初戦で激突することになったのだ。1人は関西の強豪・大阪桐蔭が誇る〝浪速のダルビッシュ〟こと高身長エースの藤浪晋太郎（シアトル・マリナーズ傘下所属）。そしてもう1人が花巻東の〝みちのくのダルビッシュ〟こと最速151キロ右腕で、かつ打者との二刀流も注目されている大谷翔平であった。さらにこの両チームは、とある報道では優勝候補予想の2番手と3番手というように、ともに優勝候補の一角に推されていた。巨大戦力を有する大阪桐蔭に対して、花巻東も菊池雄星（ロサンゼルス・エンゼルス）を擁して準優勝した2009年の春の選抜のとき以上の戦力とみられており、当然のようにこの大会、1回戦屈指の好カードと目されていたのである。抽選が決まった直後、大阪桐蔭の西谷浩一監督は「初日（の日程）でビックリ。相手（が強豪）でビックリ」とその感想を述べていた。対する花巻東はキャプテンの大澤永貴が抽選を終えたあと、佐々木洋監督のところへ行って「やりましたよ！」と報告すると、「やり過ぎだよ!!」と返されたという。共に意識せざるを得ない相手だったのである。

それは両チームのエースも同じであった。共に身長が190センチを超える大会注目の好投手ということもあって、試合前からマスコミに大注目されていた。組み合わせ抽選から2日後、室内練習場でそれぞれの特徴を出し合い、初日に実現するライバル対決を盛り上げていた。出場32校の先陣を切って練習に現れたのが、花巻東である。193センチの大谷はバント練習に参加したが、ボールは握らず肩のストレッチに時間を割いていた。この前年夏の甲子園でマウンドは経験済みなこともあり、「まだ時間があるので徐々に仕上げていく」と焦りはない様子だった。痛めていた左股関節の治療で前年秋は登板を回避したものの、練習試合を通して投球の感覚を確かめており、「みんなに迷惑をかけた分、恩返ししないと」と静かに闘志を燃やしていた。

一方の藤浪はブルペンで投球練習。大会随一の197センチの長身をしならせ、フォームを確認しながら20球。そして、「ブルペンとはいえ、甲子園で投げている実感はあった。思ったよりも傾斜が少なく、投げやすい」と感想を述べた。さらに冬場は股関節の柔軟性を高めてきただけに、「球のバラツキが減り、精度も上がった」と自信を覗かせていた。

チーム打率3割9分2厘の大阪桐蔭打線VS打率4割4分4厘の4番打者・大谷

そして迎えた試合当日。その対決は共に〝プロ注目のエース対強力打線〟が試合のポイントとされた。大阪桐蔭は前年秋の公式戦で、この大会出場選手中、No．1の打率5割5分

9厘をマークした4番・田端良基を中心にチーム打率も3割9分2厘と、大会出場校中の最高打率を誇る超強力打線が自慢。かたや花巻東は大阪桐蔭打線ほどの爆発力はないものの、打っては高校通算36本塁打、前年秋の公式戦でも打率4割4分4厘を記録した4番の大谷を中心にシュアなバッティングを心掛けてきた。さらにスピードのある選手が多いため、塁に出たら機動力でかき回す、とにかく小技を使うという粘り強い攻撃がその特徴となっていた。つまり両エースにとって決して油断ならない打線との対峙となったのである。

試合は先攻・大阪桐蔭、後攻・花巻東でその幕が上がった。もちろん藤浪、大谷とも先発のマウンドに上がった。2人とも大型投手特有の〝立ち上がりの悪さ〟が心配されたが、試合序盤は〝みちのくのダルビッシュ〟大谷翔平が試合を作り、花巻東が優位に試合を進めていくこととなる……。

注目の1回表、大谷は先頭の森友哉(オリックス)に対し、いきなり3-2のフルカウントとされるなど、苦しい立ち上がり。ここで森は慎重に選んで四球で出塁し、無死一塁とされる。先制点が欲しい大阪桐蔭は続く2番・大西友也がエンドランを仕掛け、これが遊ゴロとなるも、一死二塁と一打先制のチャンスを迎えた。逆にピンチとなった花巻東は大谷が3番・水本弦も遊ゴロに仕留め、これで二死二塁。あとアウト一つでチェンジとなる場面で打席に向かったのは4番・田端であった。田端はこの大会屈指の強打者と評され、中学時代には硬式野球のクラブチーム日本一を争う全国大会〝全日本中学野球選手権大会 ジャイアンツカップ〟で準優勝に輝いたほどのスタープレーヤーだった。だが、この強打者との初対決は大谷のスライダーが抜けてしまい、頭に命中する死球という結果となってしまう。田端に大事はなかったものの、これで二死一、二塁とピンチが拡大。続く打者は5番・白水健太である。大谷はこの白水をカウント1－2と追い込んだが、初回から迎えたいきなりのピンチに動揺しているとみたのか、大阪桐蔭ベンチはここで重盗を仕掛け、二死二、三塁と畳みかける。しかし、このピンチで大谷はキレのいいスライダーを投じ、白水からこの試合最初となる空振りの三振を奪った。結果、ピンチを脱し、〝0発進〟を飾った。

続く2回表には6番・安井洸貴を147キロの高め速球で空振りの三振。7番・水谷友生也は134キロのスライダーでこれも空振りの三振。8番の笠松悠哉（ヤマハ）は左飛に打ち取り、この試合初の三者凡退に仕留める。

3回表は先頭となる9番・藤浪に3－2から四球。続く1番・森にはこの試合初となる被安打（左前安打）を喫し、無死一、二塁のピンチを迎えるも、2番・大西が試みた送りバントを大谷が三塁に送球し、封殺に成功。一死一、二塁となった。迎えた3番・水本は二ゴロ。この間にそれぞれランナーが進塁し、二死二、三塁に。アウト二つを取ったものの、ワンヒットで2点という場面で打席には、前回は死球というまさかの結果となった4番・田端。一塁が空いているだけに歩かせるという手もあったが、大谷＝佐々木隆貴のバッテリーは敢然と勝負に出た。初球は外角高めのスライダーでボール。2球目はやや真ん中に入ってくるスライダーだった。一瞬ヒヤッとするような、かなり甘い球だったが、これを田端は強振するも空振りとなり、カウントは1－1となった。3球目は外角低めへ147キロのストレートを投げ込むもボール。4球目は外角低めに見事に決まるスライダーでストライク。これでカウントは2－2。次が勝負の一球となるが、ここまでバッテリーはスライダー、スライダー、ストレート、スライダーと変化球中心の攻めを見せていた。サインに首を振った大谷が選択したのはまたもスライダーだった。外角やや高めの際どいコースに投げ込んだが、惜しくもベースをかすらず。これでカウントは3－2のフルカウントとなり、次が正真正銘勝負の一球となる。ここで大谷が投じたのはこの打席5球目となるスライダー、しかも前の一球とほぼ同じコースである。ボールと思ったのか、裏をかかれたのか、田端は見送るしかなかった。結果はストライク。執拗なまでのスライダー連投で大谷はこのピンチを脱したのであった。

続く4回表は先頭の5番・白水を中飛に打ち取ったものの6番・安井に左前安打を喫し、一死一塁とされてしまった。だが、ここでも大谷は踏ん張り、続く7番の水谷を遊ゴロ併殺打に打ち取り、点を与えなかった。さらに5回表は8番・笠松と9番・藤浪をスライダーで連続奪三振。1番・森には死球を与えたものの、2番・大西を右飛に打ち取り、この回も得点を許さない。前半の5回を終わって、投手・大谷はランナーを出すものの、ここぞの場面でギアを上げ、悪いなりに大阪桐蔭打線を封じていた。

一方、好投している大谷を援護したい花巻東打線だが、初回は1番・太田知将が四球で出塁するも、2番・大向優司が藤浪のチェンジアップの前に空振り三振し、一死一塁。さらに3番・大澤永貴の3球目に一塁ランナーの太田が二盗を狙って失敗し、ランナーがいなくなってしまう。そして3番・大澤も遊ゴロでアウト。大阪桐蔭のキャッチャー・森の強肩とショート・水谷が深い位置からノーステップで一塁に送球した華麗な守備の前に3人で攻撃を終えてしまった。

大谷翔平は、高校通算37号にして甲子園初の本塁打を放つ

しかし、続く2回裏だった。チームの4番も任されている〝二刀流〟の強打者・大谷のバットが自ら試合を動かす。この試合注目の対決の一つと言われた〝投手・藤浪〟対〝打者・大谷〟。その初球は外角高めへのストレートでストライク。2球目は外角高めに抜ける変化球がボールとなり、これでカウントは1－1となった。3球目は内角への変化球を選択。高

さはほぼ真ん中ぐらいの球となったが、これを大谷は振って出て、空振りとなる。これで1－2となり、投手優位のカウントとなった。勝負か、それとも一球遊ぶのか？　藤浪＝森のバッテリーは4球目に外角高めへ145キロのストレートを投げ込んだが、これを大谷は悠然と見送る。判定はボールとなり、これでカウントは2－2。ここで藤浪が投じたのは真ん中低めに入ってくる116キロの抜けたスライダーだった。この一球に対し、大谷は捕手寄りのポイントでとらえ、そのまま押し込んで、右中間スタンドに放り込む先制ソロホームランを放ったのである。高校通算37号にして甲子園初の本塁打。その一撃は大谷の非凡な打撃センスが遺憾なく発揮された瞬間でもあったのだ。

打たれたものの、この一打で簡単に崩れないのが、〝大会屈指の好投手〟と評された藤浪である。続く5番・高橋翔飛をスライダーで空振りの三振に仕留めると、6番・後藤湧大を三ゴロ。さらに7番・田中大樹からまたもスライダーで空振りの三振を奪い、この回を大谷のソロホームランの1点でしのいだのである。

続く3回裏。花巻東は8番・佐々木隆が藤浪の150キロの速球の前に見逃し三振。9番・千葉峻太も藤浪の速球に空振りの三振を喫してしまう。特に千葉は身長163センチと背が低いこともあって、バットを短く持つタイプだった。クラウチングスタイルでボールに食らいつく〝曲者〟だったが、当てに行っていたのにもかかわらず、空振りをしてしまったのである。それでも〝野球は2アウトから〟という格言がある。その通り、1番・太田が遊撃内野安打で出塁すると、2番・大向も三塁内野安打で出塁し、二死一、二塁というチャンスを作った。ここで打席には3番・大澤。次が4番・大谷だけに、藤浪はこの打者で切りたいところだった。すると大澤は初球のストレートを簡単に打って出て、一ゴロに倒れてしまう。花巻東としては貴重な追加点のチャンスだっただけに、この大澤のあっけない凡退が、この試合の序盤のポイントの一つとなったことを、このときはまだ誰も知る由もなかったのである。

大谷翔平VS藤浪晋太郎 2度目の対決の行方

迎えた4回裏。この回の先頭打者はまたもや大谷となった。2度目の対決となるこの打席。前回、内角の変化球をホームランされたことが影響したのか、このときのバッテリーは慎重の上に慎重な配球を見せる。初球は外角低めへのストレートがボールになった。2球目は外角低めへの変化球を選択。これを大谷は振って出るも空振りのストライク。3球目は外角高めにストレートが抜け、ボールとなる。そして4球目も外角だった。これが大きく抜ける変化球となり、ボール。つまりはここまですべて外角への投球で内角へは一球も来ていなかった。そろそろ内角へ一球投じるのか？　だが、カウント3－1と悪くした状況でバッテリーは無理に勝負することはしなかった。続く5球目は外角高めに明らかにボールと分かるストレート。2度目の対決は大谷がフォアボールで出塁する結果となった。

無死一塁となったが、続く5番・高橋翔はチェンジアップで空振りの三振、6番・後藤もボテボテの投ゴロに倒れ、チャンスは潰《つい》えたと思われた。ところが藤浪が一塁へ送球した際、ファーストを守る田端がベースを踏み遅れて内野安打となってしまう。二死二塁のはずが、これで一死一、二塁とチャンスが拡大。すると前の打席では三振に倒れている7番・田中が「ピンチのときは自信のある球で攻めてくる」と予想し、藤浪の外角のストレートを待つ。するとカウント1－1から藤浪が投じたのはまさに外角高め、やや甘く入ったストレートだった。田中にとってはお誂《あつら》え向きの1球を逆らわずに振った。右打者のお手本とも言うべき見事なライトヒッティングで一、二塁間を破ったのである。それほど速い当たりでなかったこともあり、二塁ランナーの大谷は迷わず三塁を蹴る。すると大阪桐蔭のライト・水本が鮮やかなバックホームを見せ、本塁はクロスプレーとなったが、好走塁の大谷が勝った。足の速さが光ったプレーで、花巻東に待望の追加点が入ったのであった。

なおも一死一、三塁とチャンスが続く。ここで8番の佐々木（隆）はスクイズの構えを繰り返し、バッテリーを揺さぶりにかかった。だが、セーフティースクイズを2度敢行したものの、藤浪のストレートの威力の前にいずれもファウルとなってしまう。結局、カウント3－2からスリーバントスクイズを仕掛けたものの、ファウルとなり、三振。さらに続く9番・千葉の打席で一塁ランナーの田中が初球からスタートし、この間にやや遅れて三塁ランナー・高橋翔が本塁突入を試みるも、キャッチャー・森は冷静だった。三塁ランナーのスタートを見逃さなかったのである。すかさず三塁に送球し、三本間にランナーを挟むランダウンプレーで見事にアウト。追加点を許さなかった。バッテリーを混乱させるために〝トリックプレー〟を仕掛けたものの、これが裏目に出て、花巻東は3点目を取り損ねた。

大谷、5回を無失点も球数は85球 6回表に無死一、二塁のピンチを背負う

続く5回裏は9番・千葉が三ゴロ、1番・太田が二ゴロ、そして2番・大向がチェンジアップで空振りの三振と、藤浪の前に三者凡退に終わった。それでも前半の5回を終わって花巻東が2－0とリード。試合の主導権を握る展開となっていた。

投手・大谷は前半の5回を終わって、打者20人に対し、被安打2、奪三振6、与四死球4

という無失点ピッチングを展開していた。強打の大阪桐蔭打線に対して、数字だけ見ればここまで上々の投球内容に思えるが、気になる点もあった。85球という投球数と、ここまでに大谷が与えていた、二つずつの四球と死球である。これは思うようにボールをコントロールできていない証拠でもあるからだ。さらに4回表にはその自慢の速球が最速150キロを記録したものの、この球を大阪桐蔭の6番・安井にレフト前に運ばれていたことも気がかりな要素の一つであった。

果たせるかな、その不安が6回表に現実となる。クリーンアップから始まるこの回、大谷は先頭の3番・水本に四球を与えると、4番・田端には0－1から投じた内角高めのスライダーをポテンヒットにされてしまう。少し擦《こす》ったような当たりで打球は高く上がってしまい、完全に打ち取ったと思われたが、ショート・大澤、レフト・田中、センター・大向、この3人の間にポトリと落ちてしまったのだ。バッターが4番・田端だったということで、レフトの田中が警戒して深く守っていたのが徒《あだ》となった。大阪桐蔭にとってはラッキーな、逆に花巻東にとってはアンラッキーなこの一打が、のちの試合展開を大きく左右することとなる。

後半戦開始直後の6回表、無死一、二塁といきなりのピンチを大谷は背負うことに。攻める大阪桐蔭は5番・白水に送りバントを指示。これを三塁前にキッチリと決め、状況は一死二、三塁へと変わった。この試合、両チームともなかなか送りバントが決まらなかったが、この大事な場面でしっかりと小技を決める。球場内には追いかける大阪桐蔭の足音が、ヒタヒタと迫って来たとでもいうような雰囲気になった。このピンチの場面で花巻東の守備陣はあまり前に出て来ることはなく、1点をやってもアウトを一つ増やそうとする作戦を取ることに。すると続く6番・安井はフルカウントから大谷が投じた外角高めの変化球を二ゴロにする。この間に三塁ランナーの水本は生還、大阪桐蔭は1点を返すが、この守備隊形を取っていた花巻東にとっては、この1点は計算のうちである。ところが、ここからまさかの展開が待っていた。7番・水谷をカウント2‐2と追い込むも、ここからストライクからボールになる外のスライダーを見切られ、続く外角低めの142キロのストレートも微妙に外れてフォアボールを与えてしまう。ストライクと判定されてもおかしくないほどの素晴らしい速球で、大谷も思わずマウンドを降りようとしたほどだったが、これで二死一、三塁に。

次打者は2年生ながら、西谷監督からは下位打線のポイントゲッターと期待されている8番・笠松。このピンチで大谷が初球に投げ込んだのは、内角高めのストレートだった。141キロを計測したこの速球を笠松は微動だにせず見送り、1ストライク。2球目は真ん中高めに外れるスライダーでボールとなった。3球目は外角高めいっぱいに決まる142キロのストレート。笠松はまったく動けず、これで大谷が1‐2と追い込む形となった。ここまで大谷のストレートにピクリとも動かない笠松。変化球待ちをしている可能性は十分に考えられた。そして次の4球目。大谷が投げ込んだのはまさに真ん中高めへの126キロのスライダーだった。するとこの一球に笠松のバットが一閃。打球は大きな当たりとなり、左中間を真っ二つに割る適時二塁打となったのだ。当然、一塁ランナーの水谷までが帰ってきて、これで3－2。大阪桐蔭が試合を一気にひっくり返したのだった。二死二塁とさらにピンチが続いたが、ここで大谷が踏ん張った。9番の藤浪を外角高めへの141キロのストレートで空振りの三振に仕留め、ようやくこの回の守りを終えたのだった。

4番・田端の快心の一打は、大谷が高校時代の公式戦で初めて浴びたホームランとなる

試合前、花巻東の佐々木監督は、「大谷には大阪桐蔭打線を3点までに抑えて欲しい」というコメントを残していた。ここで踏みとどまれば、その通りのゲームプランとなるが、続く7回表であった。大阪桐蔭打線はそんな淡い期待を打ち砕くべく、大谷に襲いかかったのである。特にこの回、先頭となる1番・森は過去3打席で四球、左前安打、死球といずれも出塁しているだけに注意したいところだった。にもかかわらず、0－1から投じた外角高めのストレートをうまく流され、これがワンバウンドでレフトフェンスに当たる二塁打となっ

てしまう。いきなり無死二塁のピンチである。続く2番・大西には初球で送りバントを決められ、これで一死三塁。続く3番・水本は何とか2点差に広げようと3球目にスクイズを仕掛けるも、これがファウルとなった。結局、1‐2からの外角低めに決まる変化球を見逃して三振。無死二塁から二死三塁まで何とか漕ぎ着けた。

しかしここで迎えるのは4番・田端である。過去の3打席は死球、三振、中前安打。バッテリーの選択は〝田端で勝負〟だった。初球は外角高めのストレートがボール。2球目は真ん中高めから落ちてくる甘いスライダーとなり、これを見逃さなかった田端が強振。打球は痛烈な当たりとなって三塁線に飛ぶも、わずかに切れてファウルとなった。これでカウント1‐1。6回途中ですでに100球を超えていた大谷の投球には明らかな変化が見えていた。決め球としているスライダー系の変化球を中心にヒヤッとするような危ない投球が増えていたのだ。思わずキャッチャーの佐々木隆がマウンドへ駆け寄ったものの、この時点でこの打席の勝負はついていたのかもしれない。そしてこの次の球が2人の明暗をクッキリと分けることとなるのである。この打席、3球目に大谷が投じたのは真ん中高めに入ってしまった甘いスライダー。甘かった2球目とほぼ同じ球だった。その球を「打ち損じた！」と後悔していた田端のバットがこの1球を見逃すはずがなかった。迷いなく思い切り引っ張ると、滞空時間の長い打球となってレフトポール際に消えていく。3‐2から5‐2へと点差を広げる価値のある、大きな2ランホームランとなったのである。痛恨の2ランを被弾した大谷。この一撃は高校入学後、公式戦で初めて浴びたホームランでもあった。

この一発に気落ちしたのか、大谷は次打者の5番・白水にフォアボールを与えてしまう。さらに続く6番・安井の2球目に二塁盗塁を許してしまった。次の1点は花巻東にとって致命傷となる恐れが大きいだけに何とか防ぎたいところ。安井にはフルカウントまで粘られたものの、最後は内角高めへズバッと速球を決め、見逃し三振に切って取り、何とか大谷はピンチを脱したのだった。しかし、その投球テンポは徐々に長くなっており、疲れを感じているのは誰の目にも明らかになっていたのである。

続く8回表も大谷はピンチに見舞われる。先頭の7番・水谷を変化球で空振り三振に仕留めたものの、前の打席で痛恨の逆転二塁打を喫した笠松にまたも右前安打を許してしまったのだ。一死一塁の場面で続く9番・藤浪は送りバント失敗の投ゴロ。二死一塁としたものの、1番・森を0－2と追い込んだ3球目に大谷がワイルドピッチ。二死二塁とまたもスコアリングポジションにランナーを背負うことに。しかも打席の森にはシングルヒットとツーベースを喫するなど、この試合の4打席すべてで出塁を許している。この油断のならない相手に対し、4球目に投げ込んだのは外角高めへのストレートだった。この球を森のバットは捉えたものの、その球威に押され、結果は二ゴロ。大谷は何とか相手の勢いを止めたのであった。

大谷翔平の第3打席、見事な流し打ち、しかし結果は――

一方で、この間の花巻東の攻撃陣は藤浪の前に沈黙。2－3と逆転された6回裏は3番からの好打順。4番・大谷の前にランナーを出したいところである。しかし、3番・大澤は3－2から粘ったものの、9球目を打って遊ゴロに倒れてしまう。続く打者はこの試合、先制ホームランを右中間スタンドに叩き込んでいる大谷。否が応でも2本目が期待されたが、この試合、3度目の藤浪・大谷対決はあっけなく終わってしまう。藤浪の初球は外角高めに変化球が抜け、ボールとなった。そして続く2球目。藤浪が投げ込んだのはまたも外角高め。しかし今度は146キロのストレートだった。この速球を大谷のバットが捉え、見事な流し打ち。速い当たりの打球となったが、サードを守る笠松の真正面のライナーとなってしまったのだ。続く5番・高橋翔も二ゴロに仕留め、5回に続く三者凡退。リードを貰ってからの藤浪のピッチングが注目されたが、その直後の相手の攻撃をしっかりと無得点に抑えたことで、尻上がりに調子を上げていったのである。事実、続く7回裏の花巻東の攻撃も6番・後藤が二ゴロ。7番・田中がスライダーで見逃し三振。そして8番・佐々木隆が二ゴロで、あえなく三者凡退に終わってしまった。これで5回から3イニング連続で三者凡退。

8回裏は9番・千葉が速球に空振り三振、1番・太田が投ゴロに倒れ、これで11人連続でアウトとなった。続く2番・大向はセーフティーバントを試み、俊足を飛ばして一塁内野安打で出塁。ようやく待望のランナーが出たが、続く3番・大澤はあっけなく投ゴロとなり、この回も得点することができなかった。この試合、期待された大澤はことごとく内野ゴロに倒れており、これが花巻東苦戦の理由の一つにもなっていた。

球数は何と驚異の170球超え 大谷は9回についに降板する

4番・田端の一発に、エース・藤浪の中盤以降の好投。試合の形勢は完全に大阪桐蔭に傾いていた。そして迎えた9回表。これ以上離されたくない花巻東だったが、大谷の疲弊に呼応したかのように、守備陣が一気に崩壊してしまう。そのすべてのきっかけは、2番・大西を三ゴロに仕留めたあと、大谷が3番・水本に無造作に与えてしまったストレートのフォアボールだった。次打者は、前の打席で2ランを放っている4番・田端。これで5度目の対決となったが、その初球だった。大谷が投じたのは内角高めの140キロストレート。ややボール気味だったが、これを打ちにいった田端の右手首付近に直撃。デッドボールとなってしまう。これで一死一、二塁となる。内野陣全員が集まって大谷を激励するが、続く5番・白水の初球、大谷は内角低めにストレートを投じ、これはボールとなる。その次の瞬間だった。リードが大きかった一塁ランナー・田端を刺そうとしたキャッチャー・佐々木（隆）がファーストに牽制球を投げたのだが、これが悪送球となり、二塁ランナーの水本が生還、1点を献上してしまう。さらに一死三塁から打者・白水にはフォアボールを与えてしまい、これで一死一、三塁と依然ピンチのまま。続く6番・安井からは空振りの三振を奪ったものの、その2球目に一塁ランナーの白水が二盗を決めており、二死ながらも二、三塁となってしまった。そしてこの状況で、7番・水谷の2球目であった。なんと大谷がホームベースに当たるワイルドピッチを投じてしまい、三塁ランナーの田端がホームイン。7点目を与えてしまったのである。その後、水谷にはフルカウントから顔面にデッドボール、二死一、三塁となり、ここでついに大谷は降板することとなった。ここまで投げた球数は何と驚異の173球。まさに刀折れ矢尽きた、戦国武士のような壮絶な様相を呈していた。

このあと、大谷はレフトへと下がり、代わってリリーフしたのは試合中にブルペンで肩を作っていた同級生の右腕・佐々木毅だった。打席には8番・笠松。その2球目に、水谷の臨時代走で一塁ランナーを務めていた安井がベースを飛び出したような形となる。これを見たキャッチャーの佐々木隆はファーストに送球。これを受けた高橋翔は一塁ランナーを追いかけようとするが、その瞬間に三塁ランナーの白水がやや遅れてスタートを切るのが目に入った。白水を刺そうとしたのだが、なんと三塁に悪送球。ボールはレフトのファウルグラウンドを転々とする形となって、三塁ランナー・白水に続き、一塁ランナーの安井まで生還。2‐9となり、ついに7点差がついてしまったのである。その後、打席にいた笠松は佐々木毅のスライダーの前に空振り三振。長かった9回表の大阪桐蔭の攻撃がようやく終わりを告げたのであった。この回、花巻東が大阪桐蔭に与えた四球は二つ、同死球二つ。犯したエラーは暴投含む三つ。ノーヒットで一挙4点を大阪桐蔭に奪われてしまった。まさに痛恨のイニングとなってしまったのだった。

打者・大谷VS投手・藤浪 9回裏に最後の対決

試合の大勢はすでに決していた。残された注目ポイントは、この試合4度目となる投手・藤浪と打者・大谷の対決だけである。大谷としては是が非でも一矢報いたいところ。その初球は外角高めに決まる緩いカーブだった。大谷はこれを振って出て空振り。0‐1からの2

球目は内角低めへのストレート。大谷はこれも打ちにいくもファウルとなり、早くも2ストライクと追い込まれてしまった。一方の藤浪＝森のバッテリーはまだ3球ボールを投げる余裕がある。すると3球目はストレートが外角に大きく外れ、続く4球目も外角に大きく外れる変化球。これで平行カウントの2－2となった。果たして次の球が勝負の一球となるのか？

藤浪が選択したのは外角高めへの変化球であった。この球に大谷はちょこんと合わせるのみだった。流した打球は力ないフライとなり、この回から水谷に代わってショートに入った妻鹿聖のグラブへと収まる。最後の対決は藤浪の完勝に終わったのだった。

このあと、花巻東は5番・高橋翔が左前安打、6番・後藤の代打・古水将寛が右前安打を放ち、一死一、三塁と意地を見せたものの、7番・佐々木毅の代打で出場の高橋恒が藤浪のスライダーの前に空振り三振。続く8番・佐々木隆の代打、小原大樹も速球に空振りの三振を喫し、試合終了。注目の優勝候補同士の対戦は2－9と意外な大差となった。花巻東の完敗であった。

「実力不足です。自分のせいで負けました」

最後までマウンドにいたかった。9回表二死、交代を告げられた大谷は寂しそうにマウンドを降りた。試合後に、「実力不足です。やってきたフォームで投げられず、試合中に修正できなかった。出来は2、3割。自分のせいで負けました」。さらに「11与四死球はこれまで経験がなく、流れを悪くしてしまった。野手に申し訳ない」と193センチの長身がうつむいた。レフトに回り、追加点を奪われる場面を見ていることしかできなかった。すべては前年夏に負った左股関節の骨端線損傷が原因だった。夏の甲子園、8月7日の帝京戦（東東京）以来の公式戦登板。ケガの影響で新チームが結成されて以降の前年秋は登板なし。投球練習を開始したのは、年が明けてからだった。多い日で200球。急ピッチで調整を進めたが、やはりフォームを固めきれなかった。それでも大会前の練習試合では17回を投げて無失点。不安を解消する一因になっていたはずだった。しかし、立ち上がりから制球は定まらず、「投球直後に体が一塁側に傾く悪い癖が出た」という。前半は力のある速球でしのいでいたが、大阪桐蔭打線の威圧感が、体と心のスタミナを削り取っていった。甘い球は振り切られ、際どいコースは見送られる。「悪いなりに抑えられてはいたのですが……。疲れが出た部分もありました」と苦しい胸の内を吐露する場面もあった。

固まりきっていない投球フォームでは強豪・大阪桐蔭を誤魔化せなかった。悪夢のシナリオが始まっていたのは5回終了時点。そこまでに投げた球数は85球。例のケガ以降、実戦で投じたのは79球が最高で「6、7回あたりから握力がなくなってきた」という。その不安は的中し、球数が100球を超えた6回表から徐々に球が浮き始め、特に、甘く入ったスライダーを痛打されていた。

一方の藤浪は前年秋の新チーム結成後、公式戦8試合に登板して57回を投げ、防御率1・74の好成績を残していた。この差が試合の後半戦に露わになってしまったとも言える。4回までの藤浪は制球が甘く、大谷に本塁打を喫するなど、2点のリードを許していたが、決して慌てることはなかった。5回裏にこの試合2度目の三者凡退に抑えると、以降は危なげない投球に変化。結局、9回を球数143で完投し、被安打8、奪三振12、与四球2、失点2、自責点2。そのストレートは序盤から自己最速に並ぶ150キロを2度計測。低めへの伸びは大谷を上回る出来だった。制球力の悪さも試合途中で修正し、さらに変化球のスライダーが〝キレ〟ていた。来ると分かっていても、花巻東の各打者はこのスライダーに対応しきれなかった。加えて冬から取り組んだ球速130キロ台のカットボールも有効だった。打者の手元で小さく曲がるため、カウントを稼ぐのにも、三振を取るのにも使える大きな武器となっていた。

「全国での勝利は遠い」甲子園の土は持ち帰らなかった——

対する大谷の握力は試合終盤に、すでに失われていた。結果的に8回2/3を投げて、被安打7、奪三振11も与四死球11、失点9、自責点5。完投目前でマウンドを降りたとき、その球数は173にも及んでいた。指先が黒く焦げるほどの熱投だったが、明らかにケガの影響は大きく、実戦不足からくるスタミナ不足を露呈した形となったのである。それでも強力な大阪桐蔭打線から意地の11奪三振。まさに只者ではなかった。他ならぬ投手・大谷の実力の片鱗がここにあった。

前年夏の帝京戦に続く無念の初戦敗退に「全国での勝利は遠い」、そして「一から作り直して、またチャレンジします」と宣言。だからこそ、甲子園の土は持ち帰らなかった。夏、自身3度目の甲子園で必ずリベンジする。だが、そんな大谷翔平と花巻東の前に、県内最大のライバルが立ちはだかることとなる。

大阪桐蔭 vs 花巻東

2012年3月21日／甲子園／観衆＝27000人

	1	2	3	4	5	6	7	8	9	計
大阪桐蔭	0	0	0	0	0	3	2	0	4	9
花巻東	0	1	0	1	0	0	0	0	0	2

［大阪桐蔭］

		選手名	打数	得点	安打	打点	HR	1	2	3	4	5	6	7	8	9
1	（捕）	森友哉（2年＝左）	3	1	2	0	0	四球		左安		死球		左2	二ゴ	
2	（二）	大西友也（3年＝右）	4	0	0	0	0	遊ゴ		投ゴ		右飛		投犠		三ゴ
3	（右）	水本弦（3年＝左）	3	2	0	0	0	遊ゴ		二ゴ			四球	三振		四球
4	（一）	田端良基（3年＝右）	3	3	2	2	1	死球		三振			中安	左本		死球
5	（中）	白水健太（3年＝両）	2	1	0	0	0	三振			中飛		三犠	四球		四球
6	（左）	安井洸貴（3年＝左）	5	0	1	1	0		三振		左安		二ゴ	三振		三振
7	（遊）	水谷友生也（2年＝右）	3	2	0	0	0		三振		遊併		四球		三振	死球
	遊	妻鹿聖（3年＝左）	0	0	0	0	0									
8	（三）	笠松悠哉（2年＝右）	5	0	2	2	0		左飛			三振	左2		右安	三振
9	（投）	藤浪晋太郎（3年＝右）	3	0	0	0	0			四球		三振	三振		投ゴ	
計			31	9	7	5	1									

	選手名	回数	打者	球数	安打	三振	四球	死球	失点	自責
○	藤浪晋太郎（右）	9	35	143	8	12	2	0	2	2

［試合の記録］

- 本塁打　大谷1号（ソロ＝藤浪）田端1号（2ラン＝大谷）
- 盗塁　白水2（7、9回）
- 失策　佐々木隆（9回）高橋翔（9回）
- 盗塁死　太田（1回）
- 走塁死　後藤（4回）
- 暴投　大谷2（8、9回）
- 捕逸　佐々木隆（1回）
- 試合時間　2時間26分
- 審判　古川（球）日野、作本、乗金（塁）鈴木隆、山口（線）
- 残塁　（大阪桐蔭）8　（花巻東）6
- 併殺　（大阪桐蔭）0　（花巻東）1

［花巻東］

		選手名	打数	得点	安打	打点	HR	1	2	3	4	5	6	7	8	9
1	（二）	太田知将（3年＝左）	3	0	1	0	0	四球		遊安		二ゴ			投ゴ	
2	（中）	大向優司（3年＝左）	4	0	2	0	0	三振		三安		三振			一安	
3	（遊）	大澤永貴（3年＝左）	4	0	0	0	0	遊ゴ		一ゴ			遊ゴ		投ゴ	
4	（投左）	大谷翔平（3年＝左）	3	2	1	1	1		右本		四球		三直			遊飛
5	（一）	高橋翔飛（3年＝左）	4	0	1	0	0		三振		三振		二ゴ			左安
6	（三）	後藤湧大（3年＝左）	3	0	1	0	0		三ゴ		投安			二ゴ		
	打	古水将寛（3年＝右）	1	0	1	0	0									右安
7	（左）	田中大樹（3年＝右）	3	0	1	1	0		三振		右安			三振		
	投	佐々木毅（3年＝右）	0	0	0	0	0									
	打	高橋恒（3年＝右）	1	0	0	0	0									三振
8	（捕）	佐々木隆貴（3年＝右）	3	0	0	0	0			三振	三振			二ゴ		
	打	小原大樹（3年＝左）	1	0	0	0	0									三振
9	（右）	千葉峻太（3年＝左）	3	0	0	0	0			三振		三ゴ			三振	
計			33	2	8	2	1									

	選手名	回数	打者	球数	安打	三振	四球	死球	失点	自責
●	大谷　翔平（右）	8 2／3	43	173	7	11	7	4	9	5
	佐々木　毅（右）	0 1／3	1	8	0	1	0	0	0	0

証言

西谷浩一

大阪桐蔭

大谷翔平・最後の甲子園となった一戦を指揮した名監督

大谷翔平3年生の春、2度目の甲子園。
初戦でぶつかったのは、藤浪晋太郎、森友哉を擁する
強豪・大阪桐蔭。数々の名勝負を繰り広げてきた名将と、
大谷翔平の“甲子園・最後の戦い”—

甲子園春・夏連覇を果たし喜び合う大阪桐蔭ナイン
バツ初優勝を決め喜び合う大阪桐蔭ナイン
OSAKA
TŌIN

西谷浩一（にしたに・こういち）

1969年まれ。兵庫県出身。強豪・報徳学園（兵庫）から関西大学経済学部に進学。硬式野球部では2年生秋から控え捕手としてベンチ入り。4年生のときにはブルペン捕手ながらも主将を任されている。大学卒業後、大阪桐蔭のコーチに。同校では93年から野球部部長を務め、98年11月に監督に就任。2001年に1度コーチに退いたあと、02年秋から再び監督として指揮をとることに。05年の夏の甲子園初戦の春日部共栄（埼玉）との試合に9-7で勝ち、監督としての甲子園初勝利を挙げると、この大会ではベスト4まで進出。以後、春13回、夏11回、甲子園に計24回出場し、春夏合計で積み上げげた勝ち星は歴代単独1位となる70勝（15敗）。春4回（12、17、18、22年）、夏4回（08、12、14、18年）、計8回の優勝も歴代最多を誇っており、2025年3月現在まで甲子園の決勝戦では無敗である。

――2012年の春の選抜の初戦でいきなり花巻東と激突することになりました。まずは対戦相手が花巻東と決まったときの率直な感想を聞かせてください。

西谷浩一（以下、西谷） いや、もうやっぱりいいピッチャーですからね。このときの大会を代表するというか、一番評判の高いピッチャーだったので、初戦からやりにくい相手に当たったなっていう気持ちでしたね。

――大谷選手だったり、花巻東の情報というのは、事前にどの程度得ていましたか？

西谷 僕の記憶が正しければ、大谷選手はこの前年の秋は全く投げていなかったんです。通常でしたら、秋の都道府県大会や地区大会のビデオを取り寄せて見るんですけど、それが全くできなかった。ですので、この前年の夏の甲子園で投げた帝京（東東京）戦ですかね。そのときにちょっと投げた映像ぐらいしかなかったので、もう情報がないのと同じ状況でしたね。

――全然投げていなかった大谷選手がいきなり先発登板すると思われましたか？

西谷 それはね、投げてくるって思っていました。一つの情報で言うならば、関西入りしてから数試合練習試合をしているということだったんです。もちろん見には行けなかったんですけど、僕の記憶が正しければ、龍谷大平安（京都）と東大阪大柏原。この辺で投げたという噂を聞いていました。情報を聞くと、非常に真っ直ぐも変化球もいいと。もちろんバッティングもいいということで。特に投手としてはランナーがセカンドを踏めるか、サードを踏めるかという状況で、ほとんど打たれなかったと。ただ、長くて5イニング程度しか投げていないという噂を聞いていました。本番になってどういう状況で来るのかなっていうのは分からなかったです。

大谷選手を徹底的にマークしようと思いましたけれど、いきなりホームラン！　これには正直、驚きました

――いざ試合が始まったら、いきなり2回裏の大谷選手の第1打席ですよね。先頭で出てきて藤浪（晋太郎）投手の決め球のスライダーをライトスタンドに放り込んだじゃないですか。あの瞬間は「やられたな！」っていう感じだったんでしょうか？

西谷　試合前から思っていたのは、とにかく大谷くんにだけには打たさないでおこうと。二つ理由があって、一つはやっぱり大谷くんが一番いいバッターなので、大谷くんに打たれることによって得点される形が大きいのと、もう一つはやっぱりピッチャーなので、打つことでピッチングのリズムも上がっていくんですよね。だからそういうことはさせたくなかった。大谷くんを徹底的にマークしようと。いきなり打たれたので、正直、驚きました。

――実際、そのあとの大谷選手のピッチングなんですが、5回を終了した時点で大阪桐蔭から6奪三振で許したヒットも2本だけでした。試合も2－0で花巻東が勝っていて、これはもう乗ってきたなと思ったんですが、西谷監督の見立てはどうだったんでしょうか？

西谷　あの試合は初日の第3試合だったので、開会式が終わったら阪神タイガースの2軍が使用している鳴尾浜球場に移動するんです。そこで少し休憩をして、第1試合が終わり、第2試合が始まるときに甲子園の室内練習場に入るんですよ。そしていよいよ第3試合が始まります。そのときにまず僕は大谷くんのピッチングに注目したんです。どういう球を投げるのか、もちろんブルペンで見ただけですけれども、僕の記憶では10球ぐらいしか投げなかったんですね。

――たった10球ですか？

西谷　だから、10球ぐらいパッて投げて。ちょっとほかの野手とか、ノックとか見たらもう終わっていて、ノックの手伝いをしていたんですよ。そのときに僕は「ん？」って思いました。よっぽどその2試合目のときの室内練習場で投げてきたのか。それとも、あまり球数が投げられないのか。なので僕、始まるときにメンバーに「ピッチング練習もあんまりしてないよ」と。だからこう考えると。冬の間に練習をやり込めているってことは絶対ない。十分に投げ込みができていることは絶対にないので、必ずバテると。で、1回から投げて来たら

「絶対に後半にバテるよ」と。ということは、前半我慢して我慢して、後半にどういうふうに持っていくかっていうことなんですね。だから「真っすぐが変わってきたりとか、球の力感が変わってきたら教えてくれ！」っていうことを言っていました。

ちょうど試合の中盤、スライダー待ちの指示をずっとしていました

――実際、どのあたりで変わってきた感じだったんでしょうか？

西谷　ちょうど試合の中盤ぐらいですね。「少し威力が落ちてきたという感覚がある」と選手が言ってきたんです。もうそこからはスライダーを全力で放らず、ストライクを取りに来るスライダーが多かったんです。ですから、基本的に全員にではないんですけど、スライダー待ちの指示をずっとしていました。

――なるほど。そして6回表にものの見事に3点取って逆転しますね。

西谷　あの辺はちょっと大谷くんもへバってきていて。で、やっぱりスライダーを狙っていった記憶があります。

――逆に藤浪投手は4回にも1点を取られたんですけど、5回、6回と3者凡退で片付けて、

何かギアが上がってきたように見えたんですよ。

西谷　藤浪はどちらかというとスロースターターなんです。始まりよりも後半が良くなってくるタイプ。スタミナのあるタイプなんです。逆に言うと藤浪はひと冬かけてじっくり練習をしてきたので、後半に強いぞということで、半分暗示にかける意味合いですけど、そういう話をしていたと思います。

――この前年、11年夏の大阪府大会決勝戦の東大阪大柏原戦と、同じく11年秋の近畿大会準々決勝の天理（奈良）戦、前者は6－7で、後者は4－8で負けているんですが、どちらも終盤に藤浪投手が打ち込まれての敗戦でした。いいピッチングをしていたのに突然乱れる、崩れるっていう。花巻東との試合でもそういう懸念をしていたのですが、先ほど冬場のトレーニングのお話が出たことで納得しました。西谷監督にはそういった心配はなかったのですね？

西谷　う～んと、心配ですか。心配はもちろん、いつも心配しています（笑）。ただ、このときは後ろに澤田圭佑（千葉ロッテ）がいましたからね。そういう〝お守り〟がありましたからね。藤浪1人だけだったら、突如崩れるっていうケースは2年生のとき、確かに多かったんですが、ただ、このときのチームには2番手投手として澤田が後ろに控えていたのでね。万が一のことがあったら澤田に繋ごうと思っていました。

4番・田端に2ランホームランが出たのが大きかった。藤浪＝森のバッテリーの大谷選手に対する配球もよかったです

――4回裏に2点目を取られて以降の藤浪投手は7回までの3イニング連続で三者凡退に抑えています。このあたりから監督から配球のアドバイスなり、バッテリーに指示したことはあったんでしょうか？

西谷　記憶はあまりないんですけども、当然、対戦相手が決まってから初戦までは時間があったので、そこに合わせて研究はやっていましたからね。なので、コーチも含めて相手バッター1人1人の対策はしていたと思います。あのときの花巻東は、打線としては機動力を使うのが特徴だったというか。とにかくランナーが出たら、小技を使ってくるというイメージがありましたか。

――それが5〜7回とまったくランナーが出ないので、花巻東ベンチも手の打ちようがなかった感じでした。逆に大阪桐蔭は7回表に突き放しにかかります。4番の田端良基選手に2ランホームランが飛び出して5－2と3点のリードに変わったワケですが、あの場面での追加点は大きかったんじゃないでしょうか？

西谷　残り3回で1点のリードだけだと試合はまだ分からないですからね、それは大きかったと思います。大谷くんはあの時点でちょっともうへばっている感じだったですよね。

――あの田端選手の2ランで投手・大谷を完全に攻略した感じがあったのですが、逆に打者・大谷に対してはホームランを打たれたあと、フォアボール、サードライナー、ショートフライ。1本もヒットを打たせていないんですが、そのバットを封じるために、何か指示みたいなものは与えたんでしょうか？

西谷　特別打たれたからといって、「次からはこう攻めろ！」という指示はしていません。もう完全にバッテリー任せでした。その打席その打席で藤浪とキャッチャーだった森友哉（オリックス）が感じたことでうまく配球していったんだと思います。

――このあと、9回表に大阪桐蔭は4点を追加して試合を決定づけます。結果的に放ったヒット数は両チームそれほど変わらなかったんですよね。大阪桐蔭が7安打、花巻東が8安打。三振の数は両チームとも12個でした。ただ、決定的に違ったのが四死球の数で、藤浪投手の与四球数がわずか二つだったのに対して、大谷投手は四死球合わせて11個も与えているんです。恐らくこの差がダイレクトに勝敗に直結したのかなと。

西谷　もちろん。四死球はヒットと一緒ですからね。あの試合の9回表の攻撃では確か四死球だけで4個くらい貰っていて、そこにエラーも絡んだんです。だからウチはあの回、ノーヒットで4点取っているんですよ。

――改めて分析していただきたいのですが、これ以外に大阪桐蔭が勝利した要因はどんなところにあったと思いますか？

西谷　まずはやっぱり大谷くん中心のチームなので、大谷くんに打たれないようにすることが一つありました。そして、それよりも重きを置いていたのが、投手・大谷くんをいかに攻略できるかという点です。やっぱり練習ができていないと。彼からしたら準備不足というか、ここに合わせて最高の状態にもってこれていないと。練習をしっかりとやり込めて迎えた大会ではなかったと思うのでね。

ケガで準備ができていなかった。それだけが大谷選手の弱点だった

――要は、スタミナ不足っていうことが十分に考えられたということですね。

西谷　9イニングありますからね。球を投げさせてとか、へばらせて、100球超えてから、5回越えてからが勝負だと。その間に大谷くんに打たれたのは誤算でしたけれども、焦ることなく、しっかりと組んでいけばいいと。なぜなら、1人で完投する能力はその段階ではっ

いていなかったと思うので。ケガでね、準備ができていなかったと思うので、彼のそのときの唯一の弱点はそれしかないかなと。まぁ、それも推測なんですけどね。ただ、関西に入ってから5イニングしか投げていない。僕が花巻東の監督ならば、本当に完投できるのならば、大会までに1回くらいは完投させておきたいと。逆にそこまで投げていないということは、そこまでの球数は投げられないんじゃないかなと勝手に思っていたんですよね。

――その予測がズバリ当たった形になりましたね。

西谷　まぁ、子供たちを暗示にかけるためにも、（大谷選手は）絶対練習をやり込めてないと。ケガの影響でやり込めていないので、後半勝負に持っていければばって。「後半にピッチングが上がってくるということはないと思う」っていうことはずっと言っていて……。でも試合が始まると、やっぱり凄いボールが来てましたんでね。それでもやっぱり9回まで投げられることはないだろうと。だから、「点を取られないようにするというところからスタートして、試合を進めていこう」っていうことは言っていたので、僕らとしてはだいたい描いてた試合展開になったというか。大谷くんに打たれたことは別として、投手・大谷くんを攻略するという部分では、だいたい予定通り、想定通りの攻略ができたと思っています。

――大谷選手にホームランを打たれたことだけは想定外だったんですね？

西谷　打たれたくはなかったんですけど、打たれてしまったので、そこはもう流石だなというところですね。一方で、相手の佐々木（洋）監督からしてもやっぱり大変だったんじゃないでしょうか。直接、そのことをお話ししたことはないですけど、監督としても、大谷くんの状態を上げるっていうのは非常に難しい大会だったと思います。またケガをさせてもダメですからね、多分難しかったんじゃないかなとは推測してます。

――結果的には9－2という意外な大差がついてしまった訳ですが、試合前には「何点勝負だな」っていうようなことは考えたりしたんでしょうか？

西谷　僕は正直、どの試合も「何点勝負」とかって考えたことがないんです。それと違う展開になったときが嫌なので。甲子園だとコールドゲームがないので、9イニング終わったときに相手より1点勝っていたらいいと。子供たちにはそう言います。だから、もちろん理想は先制して、中押し、ダメ押しをしたいんですが、どうしても先制される場合もある。うまくいかない場合もあるので、とにかくその場その場をしっかりとしのいでいく、辛抱していく、我慢していく。そして攻撃していくの繰り返しなので、一喜一憂をせずにしっかりやろうってことを毎試合のように言っています。ですから僕のなかでは、何点取って……とかっていうのは考えてはいなかったです。

――なるほど。花巻東との試合も、何点勝負ということは特に考えていなかったということですね。

西谷　やっぱりこの試合は後半勝負に持っていくべきだろうと。前半から簡単には打てないピッチャーだと思っていましたからね。加えて大谷くんには打たれたくない。打って乗せたくないと。やっぱり花巻東の打線のなかでロングを、大きいのを打てるのは大谷くんぐらいだと思っていたので。大谷くんに打たれるっていうことは必然的に得点される確率が高くなる。もっと言ったら、とにかく大谷くんの前にランナーを出さないというか。試合中はそんなことに神経を使っていましたね。

あの何とも言えない歓声は覚えています 春の選抜の1回戦というのはかなり難しいんです

――これは完全にもう仮定の話になってしまうんですが、もし大谷選手が万全の状態で試合に来ていたら、どんな試合展開になっていたと思いますか。

西谷　接戦、ロースコアだったと思いますね。もちろん向こうもそんなに点は取れないでしょうけど、こちらも簡単には点が取れないんじゃないかなと。

――じゃあ、2－1とか3－2とかですね。

西谷　十分ありえたと思います。

――このカードは準々決勝くらいで対戦してくれないかなと。それが初戦で、しかも初日で……っていうことでかなり衝撃的だったことを覚えています。組み合わせ抽選会のときの会場中のざわめきも凄かったですし。

西谷　ああ、あの何とも言えない歓声は覚えています。まぁ、1回戦っていうのは、やっぱりどんな相手になってもね、夏の1回戦も難しいんですけど、春の選抜の1回戦というのはかなり難しいんです。やっぱり秋からのブランクがありますし、また寒さもあります。しかもゲーム感もまだ100パーセント戻っていないなかでの1回戦なので、ここはうまく乗り越えて、いいスタートを切りたいなというような気持ちもあります。ましてこのときは初日の第3試合なので時間的にも難しいんです。また、初日に登場するということはここで負けたら、甲子園に出たか出なかったか分からないような話になるので（笑）。

――日程的にはちょっと避けたかったというのが本音ですね？

西谷　すごく嫌な日程のうえ、かなりやりにくい相手と当たったので。でも、当たった以上はもうやらないといけないので。逆に1日目に勝つと少し余裕が持てるんです。次の試合まで時間があるので、精神的にも肉体的にもいい状態にはなるんです。とにかく初戦はみんなで一丸となって……っていうことで、もうやるしかなかったんです。お互いにやりにくかったと思いますけど、「何とかみんなでやろう」という感じで準備した記憶がありますね。

大谷くんに投げ勝ったということで、藤浪にも少し自信がついて、チームにも勢いがつきました

――あの試合は途中からナイターになりました。試合開始の時間からして、もしかしたらナイターになるかも？　とは思いましたか。

西谷　そこまでは意識はしませんでした。普段からナイターもこなしているので。まぁ、ナイターのほうが球が速く見えるということはあるんですが、それよりも大変なのは朝早く起きて、3試合目に身体を合わせなくてはいけない点ですね。そういう準備を普段はしないじゃないですか、高校生ってね。だからちょっとそういうのは難しいなと思いましたけれども、それこそ「朝起きて学校行って、放課後練習するのと一緒ぐらいだぞ」っていうような言い方をしたりとか。半分子供だましですけど、そんな言い方をしましたね。僕自身、1日目の第3試合っていうのが2回目だったんです。2006年の夏に横浜（神奈川）とやったときにまったく同じシチュエーションがありました。ただ、僕は1回経験できていたので、「こうだよ、ああだよ」ってことは、子供たちに話すことはできました。

――最終的にあの年、2012年の高校野球界は大阪桐蔭が春夏連覇をするという結果に終

わるのですが、その最初の相手が大谷選手擁する花巻東だったというのは、「持っている」というか、何か運命的なものを感じるのですが。

西谷　今考えればそういうふうに思われますが、あのときは藤浪もまだ不安定だったんです。ただ、やっぱり大谷くんに投げ勝ったというか、それは一つ、彼の自信にはなったと思いますね。初戦からビッグカードになりましたけど、それを勝ち切れたっていうことは大会を勝ち抜くうえで、勢いはついたと思います。

――このときの大阪桐蔭対花巻東というカードは大谷選手や藤浪投手がいた、この2人が対戦したということもあって、高校野球ファンのなかには名勝負的に語る人も多いと思います。当事者の西谷監督としては、自身のなかでこの試合をどういうふうに位置付けていますか？

西谷　まず、このときまでウチは春の選抜で優勝したことがなかったんです。最初にウチが甲子園で優勝したのは1991年の夏で初出場初優勝を飾りました。そのとき、僕は監督ではなくて長沢和雄さんがやられていて、2008年の2回目の夏の優勝のときは僕が監督だったんです。これで夏は2回優勝できたんですが、春はまだ優勝したことがなかったんです。ですからみんなで春、なんとか優勝できないかということで藤浪たちの学年はスタートしているんです。ところが秋の近畿大会はベスト8で天理に負けて、確実に選抜に出場できるラインとなるベスト4に届かなかった。それでも選抜に選ばれたので、「選出されたからには優勝を目指そう」と。そこからどんな大会になるのかなと思っていたら、いきなり初戦で大谷くん擁する花巻東だったので、「凄いところと当たったな」という感じでした。でもやっぱり、先ほども言いましたが、ウチで言うと、エースの藤浪の出来っていうのが、かなり大きなポイントだったので。まだ調子の波が激しくて不安定でしたけれども、大谷くんに投げ勝ったということで、藤浪に少し自信がついて、チームにも勢いがつきましたので、やっぱり選抜初優勝に向けて、まずは1勝して一歩近づいたんですけど、1勝以上の価値があった試合だったなとは思います。

――このときの大阪桐蔭は絶対的な優勝候補ではなくて、複数ある優勝候補の一つというのが前評判でした。いわゆるスポーツ新聞とかに事前に戦力分析が出て、A評価とかB評価とかが出ますが、ああいう記事っていうのは監督的にどこまで気になるものなんでしょうか？

西谷　いや、ほとんど気にならないですね。ウチはそこまで力がないよってときでも絶対にA評価されるので、別に気にしません。もちろん見たりはしますけど、それよりも対戦相手とか、他チームの実力ですよね、気になるのは。

――ただ、このときのチームは手応えはあったんですよね？

西谷　自分のチームですか？　ないですね。ないというか、別に優勝できる確信はおろか、いいチームになったという自信もまだなかったです。要は手探りだったんです。だから一つ一つ勝っていくことで、先ほども言いましたけど、藤浪もまだ不安定だったんですけど、大谷くんに投げ勝ったということでね。気にはしていないように言っていますけど、やっぱり気にはしていたし、意識していたとは思うので。そこに勝ったことで一つ自信がついたと。やっぱり高校生なので、また二つ勝って、二つ自信がついたっていうぐらいですよね。今考えたら春夏連覇できましたけど、それだけの実力が備わって大会に入ったということではないんですよ。

――では、この年の春の選抜は1試合、1試合ずつ成長していった感じなんですね。

西谷　いや、もう全部どの試合も苦しい試合で一歩間違っていたら、負けている試合ばっかりだったと思うので。もう本当に競り勝って、力をつけていったという感じでしたよね。

――夏の甲子園だと地方大会が終わってすぐなので、調子が良ければそれを持続して本番に臨めるんですが、春は秋の公式戦が終わって、その間、3～4カ月くらいありますよね。となると、ひと冬の選手の成長ってかなりのものがあると思うんですが。

西谷　秋と春とでは全然違いますよ。

――ルールで試合ができない期間がありますよね。

西谷　12月から3月の最初のほうですね。約4カ月弱のブランクがあるので、実戦の勘を取り戻すというか、そこは簡単ではないですね。

――逆に言うと、その間の選手たちの成長が楽しみではありますよね。

西谷　楽しみではありますが、やっぱりこのスタートが大事です。すごく難しい。春の選抜は初戦が難しいです。だから初戦がうまくいったら、二つ三つと勝っていける可能性はありますけど、初戦で半分のチームが、当たり前ですけど負けるので。やっぱり初戦は難しいですね。

キャッチャーの森に聞いたら、「藤浪さんはボールが汚いので、大谷さんのほうが取りやすいです」（笑）

――これは「もしもいたら？」という仮定の質問なのですが、今は大スターになっている大谷選手の高校時代の実力で測っていただきたいんです。当時の大谷選手に匹敵するような投手や打者を思い浮かべることは可能でしょうか？　これまでに戦ってきた相手選手、もしくは自軍の選手の中で。

西谷　どうでしょうか。ピッチャーとしても良かったんですけれども、万全ではなかったのでね。万全の状態の大谷くんを見ていないので、分からないというのが正直なところです。バッターとしても良かったんですけど、1試合やっただけなので、いいか悪いかって言えば、間違いなくいいとは思いましたけれども、どれくらいの実力があるのかっていうのは、そのときは分からなかったですね。ただ、対戦して、敵ながら凄いなって思った選手っていうのもね、どうですかね。やっぱり大谷くんと並ぶ選手っていうのは、なかなかいないんじゃないでしょうか。

――その後、大谷選手と接する機会はあったんでしょうか？

西谷　全日本のときの練習会に1回行って、バッティングとピッチングは見ました。夏の甲子園が終わってからですね。

――そのときの印象を覚えていますか？

西谷　覚えていますね。ピッチャーなら、球筋が綺麗だなと思いました。キャッチャーの森に聞いたら、「藤浪さんはボールが汚いので、大谷さんのほうが取りやすいです」（笑）と。要は藤浪の投げるボールはシュートしたり、スライドしたりするので、ちょっと取りにくいらしいんです。どういう意味なのか僕には分からなかったんですけど、森はそういうことを言いましたね。

――バッティングはどうでしたか？

西谷　軽くピッチングを見たあとに、フリーバッティングで森と2人で並んでいるのを見て、「いいバッターだな」って。しっかりとバットにボールに乗っかる時間があって。森とまたタイプが違って、一つ下ですけどね、森は。でも、いいバッターだなと思ったので、それこそ本当にプロに行ってね、どっちでやって行くんだろうと。あの当時、二刀流っていうのは高校野球ではあっても、プロ野球にはないイメージだったので、「本当にどうするんだろうな」って思いました。それぐらい凄かったです。

――実際のところ、大谷選手はピッチャーとバッター、どちらが凄かったんでしょうか？

西谷　高3のときだったら、「ええピッチャーだな」と思いました。どちらか一つってなったら、今の大谷くんを見ているのでバッターだと思いますけど、高校3年生のときで言うならば、僕はピッチャーじゃないかなと思っていました。

――それは投手・大谷投手が160キロを出す前ですか？

西谷　いいえ。160キロを出してからというか、ドラフトで指名されたときですね。どちらか一つにするならば、ピッチャーなんじゃないかなと、そのときは思いましたよ。

今でも、もう10年以上経って、大谷くんと甲子園で試合をしたことがあるんだなっていうのは、思い出というかね……

――大谷翔平という選手と出会った、対戦したことで西谷監督の人生は変わりましたか、それとも変わっていませんか?

西谷　それはないですね。何もないですね。今となったら、いい思い出というか。大谷くんと一緒にやれたんだっていうことは誇らしいことというか。いい選手で、きっとプロに進むんだろうなっていうことはそのときも思いましたけど、まさかこんな世界を代表するバッター、ピッチャーになるってことは、そのときには思わなかったので。対戦して、このピッチャーはプロになるだろうなっていう選手はね、それこそダルビッシュ有(サンディエゴ・パドレス)くんとか、田中将大(読売)くんとか、斎藤佑樹(元・北海道日本ハム)くんとかもそうですけど、もう数々のプロに行った選手とやりましたけれども、そのなかの1人で、プロのピッチャーになるんだろうなって。でも、バッティングもいいから捨て難いから、どうするんだろうなっていうところはありましたけどね。だけど、人生が変わったっていうことはないですね。ただ、やっぱり、そうやって大谷くんと試合ができたんだなって。そのときはもう必死だったので、今もあまり振り返る余裕がないというか。まだ現場をやっていますからね。老後じゃないですけど、もし全部終わったら、過去のビデオとかもね、ゆっくりと見たこともないので、ゆっくりと見てみたいです。見たらやっぱり「懐かしいな」と思いますよね。

大谷くんは〝規格外〟の選手だと思います もっと言えば、みんなに〝夢を与えている〟選手ですね

――あとから見返したら、新発見みたいなことがあるかもしれませんね。

西谷 見たら多分、そうですね。そんなにこの試合のことばっかり考えていないので。見たらこんなというのはあると思いますね。

――やっぱり甲子園で大谷選手に勝ったというのは、少なくとも自慢じゃないですか。

西谷 う～ん、どうなんでしょう。今考えたら、大谷くんと試合をして勝ったんだなっていうことは、自慢というよりも、一緒に戦えたことが、何て言うんですかね、思い出というのもありますが、一つの記念、大きな記念にもなっていますから。あのときはこういう試合が大谷くんとできたなっていうのはありますけど、やっているときはもうほんとに必死、勝つことに必死なので、振り返っている余裕もなかったですよ。

――大谷翔平という選手、もしくは人物、存在を、西谷監督が簡単に表すとしたら、どう表現しますか？

西谷 もう日本の大谷くんじゃなくて、世界のトップの選手になっていますからね、規格外

の選手にね。投げても打っても……っていうことなので、現時点で言うのなら、〝唯一無二〟の選手になっているんじゃないですかね。そんな選手、メジャーでもいないじゃないですか。これから出てくるのかもしれないですけれど。ベーブ・ルースがどうとか言っても、僕らはそのベーブ・ルースの時代には生きていないので。噂話は聞いても、映像でもちょっと打っているぐらいしか見たことがないので、今は〝規格外〟の選手じゃないかなと思います。もっと言えば、みんなに〝夢を与えている〟選手だと思いますね。

──高校時代はケガの影響もあって、投手としてはほとんど稼働していなかったじゃないですか。あれが逆にプロになるうえでは良かったのかなって気はしないでもないんですけどね。

西谷　大谷くん本人もそうだし、花巻東の佐々木監督も大変だったと思います。もし自分の生徒だったら、あれだけの素質があれば無理はさせられないし、チームも勝たせないといけない。いろんな葛藤のなかで彼を守りながら育ててこられたので、これはもう大谷くんの努力はもちろんですけど、佐々木監督の指導というのも凄いんだなと。1度どういうふうにされたかっていうのは聞いてみたい気はしますけどね。

──今後のお話も聞きたいと思います。大阪桐蔭は、甲子園の決勝に進出したら、負けなし。9戦9勝。西谷監督になってからでも8戦8勝とまさに無双の状態なのですが、どうしてそんなに勝負強いんでしょうか？

西谷　欲深いですけど、毎年毎年勝ちたいと思ってやっているだけなので……自分たちが勝負強いっていう気持ちもないですしね。第一、２０２４年の秋季大会は負けています。その場その場で、チームをどういうふうにしていくべきかということで頭がいっぱいなんですね。だから自分たちが甲子園で勝っているとか、結果的に甲子園の決勝戦で負けてないっていうことは、みんなＯＢが残してくれた数字なのでね。また甲子園の決勝の舞台に立てたら、まずは勝てるようにしたいですよね。そのために今やっているのでね。答えも見つかっていないですし、自分自身がまだ道半ばなので、こうすれば勝てるっていうものは別にまだないですよ。ただ勝ちたい、みんなと一緒にそういう舞台に立ちたい。最後まで勝ち続けたいという思いでやっているので。ただ、甲子園での優勝っていうのは、大阪から一つ一つ勝っていかないといけないので、簡単ではないですからね。ですので、日々悩み、もがきながら、毎日やっているところです。

――生徒たちにはどのように成長して欲しいですか？　全員が全員、プロ野球選手になれる訳ではないですよね。

西谷　もちろんそうですね。でも、やっぱり野球という目標を持って、言わば甲子園という目標、または日本一になるという目標を持って、この大阪桐蔭に来てくれているので、やっぱりその夢と目標を達成させてあげたい。というよりも、自分も実現したいのでね、一緒にやっていて。ただ、勝ち負けだけではないですけれども、やっぱり野球の素晴らしさとか、そういうものを高校時代に学んでもらいたいんです。とは言っても、高校だけでは終わらないので、大学、社会人と続きます。全員がプロになるのは無理ですけれども、それぞれの立場で野球っていうものを追求してもらいたいですね。そんな彼らの人生の中の3年間を預かっているというか、一緒にやらさせてもらっているので、非常に大事な3年間を共にやらさせてもらっているので、その責任を毎日感じながらやっていますよね。

――最後に、これはもうイエスかノーかでもいいんですが、あの花巻東戦は、西谷監督が率いてからの大阪桐蔭の甲子園の試合のなかで、ベストゲームと言っていいんでしょうか？

西谷　僕が甲子園で戦った試合のなかで、花巻東との試合がベストゲームかって聞かれると、もうありきたりの答えになるかもしれないんですが、もう全部の試合必死なので、どの試合がっていうのはあまり覚えていないんです。いや、覚えてないっていうことはないですけど、あの試合が1番か1番じゃないかって言ったら、1番ではないですね。1番ではないっていうか、別にそれがダメなんではなくて、今はどの試合も必死に戦っているんです。だから、「この1試合を！」って質問をされても選ぶことがなかなかできないというか。自分自身で選んだこともないですし、考えたこともないので、あの試合がこれまでの1番のベストゲームだとは、今は思わないです。逆にあの試合よりもこの試合のほうが……っていうのもないんですよね。

証言

田端良基

大阪桐蔭

甲子園で唯一、大谷翔平から
ホームランを打ったスラッガー

大谷翔平・高校3年生の春、甲子園初戦となった大阪桐蔭戦。
藤浪晋太郎と大谷の投げ合いの中で、
大谷からホームランを放つ。
それは大谷が高校の公式戦で打たれた唯一のホームランだった

写真 星川洋助

田端良基(たばた・よしき)

1994年生まれ。和歌山県出身。中学時代は和歌山シニアで4番・投手、三塁手として活躍。大阪桐蔭に進学後、3年時の2012年には4番を務め、春夏連覇を達成。卒業後は亜細亜大学に進学するも3日で中退。のちに日本ウェルネススポーツ専門学校北九州校野球部にも所属した。現在は野球での人脈を生かしてオーダーメードスーツ業を営む傍ら弟の拓海氏とYouTubeチャンネルの「田端ブラザーズ」を開設。“大阪桐蔭の裏ネタ”を中心に高校野球ネタなどを楽しく発信し続けている。本人いわく「高校野球特化型のYouTubeなので、コアなファンの方、お待ちしております」とのこと。

――まずは田端さんたちが2年生秋のときの近畿大会の話です。ベスト8で敗退したものの、翌2012年の春の選抜開幕前は優勝候補の一角に名を連ねることとなりました。これはエース・藤浪晋太郎投手が〝浪速のダルビッシュ〟と呼ばれるほどプロ注目のピッチャーだったことも大きいと思われます。秋の大会が終わってから選抜が開幕するまでの間、チーム自体はどのような雰囲気だったんでしょうか？

田端良基（以下、田端） 近畿大会の初戦の関西学院（兵庫）戦を7－0のコールドで勝ったので、選抜には、「まぁ行けるでしょ」っていうくらいの気持ちではいました。ただ、その次の準々決勝で天理（奈良）に4－8で負けたので確定ではないけれど、「秋の大阪大会優勝で府の1位で近畿大会ベスト8だし、多分大丈夫だろう」と。

――このときの近畿の出場枠は6。確かに微妙でしたよね。

田端 行けない可能性もありましたからね。なので確定ではないっていう気持ちを持ちつつも半分以上は「気持ちは行けるつもりで僕らは練習しよう」っていう感じでチームは取り組んでいましたね。もともとチーム力的にもかなり自信があったというか。当時は近畿大会優勝を狙っていましたし、ダメでもベスト4に入れば甲子園確定なのでひと安心なんですけど、そうじゃなくてもちろん優勝するつもりでやっていましたからね。

――なのに天理に負けてしまったと。

田端　あの試合は藤浪が投げたのにホームランも1本打たれて完敗でした。僕らも4点取ったとはいえ、やはり打ち切れなかったので……っていうチーム状態で、自信があったチームが打ち砕かれたっていう感じですかね、秋の段階では。

――それでも結果的に選抜に選ばれることになるわけですが、出場校が決まった翌日のスポーツ新聞では必ず出場校の戦力分析の記事が載ります。この高校はAランク、ここはBランクっていう感じで。ああいうのはどこまで気になるんでしょうか？

田端　いや、僕ら選手はほぼ知らないですね。まず携帯電話を持っていなかったですし、テレビも1台だけで、新聞は寮長先生しか見れないっていう感じで。

――となると、選手たちは出場32校中でどのくらいの評価を受けているっていうのはどうやって知るんでしょうか？　自分たちの感覚とか手応えなんですか？

田端　手応えでしかないですし、どちらかというと秋の時点での情報しかないので。だから僕らからしたら、〝天理に負けている俺ら〟っていう素直な気持ちで甲子園に行っていました。世間的には恐らく優勝候補なんでしょうけど、僕らからしたら優勝候補にもなっていないと。〝天理に負けたっていうチーム〟として本番に臨んでましたからね。

コーチの携帯電話に必死にしがみついて大谷を見ていました

――そして組み合わせ抽選です。花巻東との初戦での対戦が決まった瞬間、かなり会場が沸いていた記憶があります。

田端　それはもうこの大会の1番の目玉のカードが開幕日に来てしまったという感じなので。だから高校野球ファンや選手、関係者すべてが思ったんじゃないですかね、「いきなり顔合わせるのかよ！」って。

――このときのチームの雰囲気は？

田端　まず、大谷翔平選手がいるチームっていうのはもちろん知っていました。特に僕は前年の11年夏に高2で甲子園に出ていたイメージがあったので、2年生で150キロ投げるピッチャーがいるんだ、ぐらいの感覚でした。逆にチーム自体としては、ビビっている選手がほとんどでしたね。「マジか！」みたいな感じというか。「大谷はヤバいんじゃないか!!」っていうムードがとにかく漂っていましたよ。

――そうなると、当然東北の中学から大阪桐蔭に進学していたチームメートから何とか大谷選手の情報を集めたりしたわけですか？

田端　いや、東北から来ていた選手は当時いなかったので、中学のときの全国大会とかで「僕は大谷を見ました。当時の大谷は中学のときから１４０キロぐらい投げていました」みたいな、かなり関わりの薄いメンバーからの話は聞きましたよ（笑）。中学時代の大谷は全国大会でどうだった、こうだったみたいな噂話をみんなでしていましたね。とにかく情報がなかったので。当時は今みたいにＹｏｕＴｕｂｅにバンバン試合の画像が流れているような時代ではなかったですし。

――では、事前対策として大谷選手のビデオを見ての研究は？

田端　当時なんですけど、僕らは携帯電話が禁止だったですし、ビデオ映像も入手できなかったんですよ。できたことといえば甲子園で大谷選手が投げていた2年夏の帝京（東東京）戦が当時、ＹｏｕＴｕｂｅに上がっていて……。それをコーチの方の携帯電話1台でみんなで回し見るってことだけでした（笑）。今の時代だったら多分、「おお、みんなコレ見ろ」って言って、全員で見るんでしょうけど、僕らは携帯を持っていなかったので、コーチの携帯電話に必死にしがみついて見ていましたよね。で、画像もなんか荒いし（笑）。でもどんな球投げているとか、どういうフォームなのかとか、どんな球筋なのかっていうのは分かるので。まぁ、見る見ないでやっぱりかなり違いますからね。だからあの映像を見られたっていうのはけっこう大きかったですね。とはいえ、ほぼまともな情報はなしだったというか。

――西谷（浩一）監督からは試合前に何か大谷対策みたいなものはあったんでしょうか？

田端　もともと選手個人に対して西谷先生はあまり言わない方で、どちらかといえばチームとしてどう戦っていくかという話をされるタイプなんですよ。このときの事前の練習では大谷投手対策としてピッチングマシンを１６０キロに設定して球筋を見極めたりとかしましたね。これは3年間の中で大谷選手と対戦するときしかやらなかった練習なんですよ。マシンの１６０キロを見るだけ。バットを振らないでただ見るだけ。速さに目を慣らさせるのが目的なんですけど、その練習はそのときだけしかやらなかったんですね。そして試合に関してですけど、出場校は関西に入ってから選抜開幕まで地元のチームと少しだけ試合ができる期間があるんですよ。１週間くらいなんですが、その期間に大谷選手がちょっと調子悪そうだという話が伝わってきて……。なので、この初戦は絶対に後半勝負に持ち込もうと。2番手のピッチャーは大谷投手よりも落ちるので、2番手はいないと思って、大谷投手を9イニング使って攻略しようという感じで、とにかく5回までに球数を投げさせようと。そういう感じの指示は出てましたね。

藤浪選手が大谷にホームランを打たれた時は、驚きのほうが大きかった、藤浪からあんな完璧に……

――大谷選手はケガの影響もあって前年秋の公式戦で投手としては試合に出場していなかったんですよね。そんな投手を大事な甲子園の初戦で登板させるのかなと思っていたんですが、蓋を開けてみれば先発マウンドを任されたと。実際のところ投手・大谷はどうでしたか？

田端　初回の第1打席ではいきなりデッドボールというまさかの結果でしたが。僕らの強みっていうのは結局、自軍に藤浪がいたっていうことですよね。彼の球を何度も見ていたので、大谷投手との比較ができるんですよ。で、僕が抱いた感想は「アレ？藤浪のほうがイイぞ！」「打ちにくいぞ」という感じでした、1打席目に立った感じでは。ただ、大谷投手の投げている球が低めに来ると、藤浪とは全然モノが違いましたね。低めの球質っていうのはあの当時でも藤浪とは差がありましたよ。

――逆に打者・大谷の印象というと？　2回裏の第1打席でいきなり右中間スタンドに特大のソロホームランを打たれたじゃないですか？

田端　ビビりましたよね。というのも藤浪がさっきも話したように秋の天理戦でもホームランを打たれましたけど、そんなに頻繁に打たれる投手ではなかったので。そんなあいつがいきなりホームラン打たれたと。しかも完璧に。もうビックリしましたね。で、チーム的にはその一発で甲子園に飲まれたというか。大谷選手のホームランで甲子園に飲まれて、確か5回までヒット2本の無失点に抑え込まれたんです。

――あの一発で投手・大谷のピッチングも乗ってくるのかなと。しかも4回裏にも大谷選手のフォアボールをきっかけに2点目が入って前半戦で2点のリードを奪われました。ただ、西谷監督のゲームプランニングとしてはそれほど焦ってはいなかったのかなとは思うんですが。

田端　後半勝負って言っていましたからね。そして僕たちには繰り返し「焦るな焦るな」って。さらに5回終了時にグラウンド整備が行われますよね。そこで休憩を挟む形になったんですが、ここで1回リセットされたのも大きかったです。

――気持ちが落ち着いた訳ですね。

田端　「ここからもう1回試合がスタートという気持ちで行こう」と。「2点追っかけるじゃなくて0対0ぐらいの気持ちで行こうぜ」みたいな雰囲気でやっていました。確かに前半はね、大谷投手に抑えられてはいましたが、コントロールに苦労していてフォアボールを出しまくっていた印象もあって……。

――四死球を四つ与えていて、5回が終わった時点で85球投げているんですよ。ただ、スライダーが凄く切れていて、その時点で6奪三振です。このスライダーを後半どう攻略していくのかなと思ったんですが、直後の6回表に8番バッターだった笠松悠哉選手にタイムリーツーベースが飛び出して逆転に成功しています。ここで大きかったのがこの回にノーアウト一塁で打席に入った田端さんのセンター前へのポテンヒットです。これでチャンスが拡大したのですが、このときはどういった考えで打席に入っていたんでしょうか？　第1打席はデッドボール、第2打席は三振だったんですが、どちらの打席でも大谷投手はスライダー中心の攻めをしてきました。どうもスライダーしか投げてこないぞっていう考えが頭にはあったんでしょうか？

田端　頭にはなかったんですけど、感覚的にはありました。でもやっぱり結局は速いまっすぐに合わせておかないと打てない投手なので……。でもそうですね、「変化球ばっかりやな」っていうのはね、確かにありましたよ。

――あのポテンヒットはしっかりとバットを振り切った証しかなとも思うのですが。

田端　いや、あの打球は高く上がったので、僕は「あっ、打ち損じた」と。でも僕の状態的にはすごくいい感じで打てていたんですよ。

ホームランは、「打ち直しをさせてもらって、ありがとう‼」っていう感じでしたね

――そして迎えたのが7回表の第4打席です。場面は2アウト三塁だったんですが、先ほども話に出たように勝負球はスライダーばかりでストレートはほぼ見せ球でした。このときはもう完全にスライダーを狙っていたんでしょうか？

田端　いや、狙っていないですね。ずっとまっすぐというか、速い系のボールに合わせていました。

――そこにスライダーが来たわけですが、あのときのボールは高めのけっこう甘い球だったですよね？

田端　甘かったですね。あのときはその前の球も打ったんですが、ファウルになってしまったんですよ。多分この日一番甘い球が来て、「うわ〜打ち損じた。最悪や！」と思っていたら、まったく同じ球が来たので、「打ち直しをさせてもらって、ありがとう‼」っていう感じでしたね（笑）。

――打球の角度もかなり良かったですよね。

田端　狙ったところと違っていたんですが結果として、ホームランになったんじゃないかなという気もしているんですけどね。

——結果的にこのレフトスタンドに叩き込んだ一打が投手・大谷が高校時代に甲子園で打たれた唯一のホームランとなりました。

田端　もう、本当にありがたいですね。

——あのとき、ベンチ前でキャッチボールをしていた藤浪投手が凄く嬉しそうな顔をしていて……。「ありがたい」みたいな感じだったんですよ。

田端　ダメ押しに近かったですからね。

——この試合、藤浪投手は4回裏に2点目を取られたあと、5回、6回と続けて三者凡退に抑えていて、尻上がりに調子を上げていったんですね。だから5－2になった時点でちょっと試合が決しちゃったかなと。

田端　そうですね。5－2だったら、OKだけど、3－2のままだったらちょっと危なかったかなと。というのも、あのときの藤浪っていうのはまだ投手として確実なものではなかったというか。どうなるか分からなかったんですよ。急に乱れてノーアウト満塁のピンチを招くようなピッチャーだったので。

——ちなみにこのとき、大谷投手の球威はどうだったんでしょうか？　明らかに落ちていたとか。

田端　5回くらいから落ちていましたね。明らかに落ちていましたよ。

――試合後半になると田端さん以外の選手もみんな高めの球を打っていた印象があります。

田端　そうですね、やっぱり5回くらいから球威の落ちた高めの球なら打てるという感じでしたよ。まぁ、速い球は藤浪で慣れていたのでね、問題なく打てましたね。

大谷選手からのデッドボールで骨折、次の試合からいなくなりました（笑）

――そして9回表に完全に試合が決まってしまいます。四死球4つにエラー2つ。そこに大谷投手の暴投1つが絡んで、ノーヒットで4点取っているんですね。このときの大谷投手は明らかに練習不足というのが分かったというか。完全にスタミナが切れているなと思って見ていたんですが。

田端　そんな感じでしたね。まぁなんか「もろかったな」っていう感じでしたよ。だから花巻東っていうのは良くも悪くも大谷選手中心のチームで、こっちのゲームプランが完全にはまったという感じですよね。

――この9回で四死球四つを出した大谷投手ですが、そのうちの一つが田端さんへのデッドボールでした。そして骨折。当然のように次の試合から欠場となりました。

田端　いなくなりましたね（笑）。

――このとき多くの高校野球ファンは「ええっ、4番いないじゃん⁉　大阪桐蔭大丈夫か？」と思ったんじゃないかと。でも、代わりの選手がキッチリと活躍していたのは見事でした。

田端　活躍していましたね。この試合以降同じ3年生の小池裕也っていう選手が4番を務めていたんですが、決勝戦の初回にホームランを打ったのを覚えていますよ。素晴らしいのひと言です。

――難敵と思われた花巻東を撃破したこの一戦、ここで戦ったからこそ抱いた大谷選手、そして花巻東というチームの感想を改めて教えて下さい。

田端　戦ってみて、まず花巻東というチームはまとまりの強さというか、野球の細かさっていうのはけっこう凄いなと思いました。恐らく雪国なので春の選抜はかなり調整が難しい部分があったんじゃないかなと。一方で僕らは大阪で甲子園の地元じゃないですか。少し〝地の利〟もあったのかなというのは感じていました。大谷選手個人に関してはやはり投打にスケールが大きすぎたと。ホームランも打たれているし、僕らは結局ゲームプラン通りの後半からは倒せましたけど、前半までは打線が〝激悪〟で、ほぼケガをしていた大谷投手から2

安打しか打てていませんからね。だからそういうところもやっぱり本当の実力で勝てたわけではないのかなと。チームとして戦ったから倒せたけれども、個人としてはまぁ、大谷投手のほうが足跡を残した試合だったなと思いますね。僕はホームランを打たせてもらって、注目していただきましたけど、大谷選手の身体の状態が完全だったらどうだったのかなというのもありますし、完全に治った彼はその年の夏に160キロを出していましたからね。

――打てますか？　160キロ。

田端　いや～全日本で一緒になったときにやっぱり155キロくらいは出していたので、無理そうでした（笑）。ただ、藤浪投手の150キロぐらいの球を僕はホームランを打ったりしていたから、打てていたかもしれないんですけど、またちょっとこの2人の球の質っていうのは違ったのでね。

――具体的にどんな違いがあったんでしょうか？

田端　少し抽象的になっちゃうんですけど、藤浪はボールがゴォ～って感じで大きいんですよ。大きく感じるんです。一方で大谷投手は細長く感じるというか。見えにくいんですね。特に低めとかは線を引いたような感じで伸びてきて垂れないんですよ。それがやっぱり藤浪と大谷の違いかなと。

――結果的に春の時点での投手としての完成度は藤浪選手のほうが高かったのですか。

田端　そうだと思いますね。というか春も夏もですね。藤浪のほうが高校時代とかプロに入って3年目ぐらいまでは勝っている部分のほうが多かった気がします。

――当時の投手としての完成度を藤浪投手を10とすると投手・大谷はどのぐらいでしょうか？

田端　高校時代ですか？　5～6ぐらいじゃないですかね。

――予想以上に低いですね。

田端　絶対にこれぐらいだと思います。低めのストレートがバンバン決まったら手も足も出ないんですが、高めに抜ける球とかがかなり多かったんですよ。確かに球は速かったんですが、投手としては完成形ではなかったと思いますよ。

大谷選手は173球、投げました　今だったら問題視されていますよね

――数字だけで見ると大阪桐蔭戦の大谷投手は7安打しか打たれていないんです。三振も11個取っているんですが、ただ四死球が合わせて11個。そこにエラーも重なって9失点しています。自責点は5だったんですけどね。逆に藤浪投手は被安打8の12奪三振。この二つは両投手ともほぼ同じなんですが、違ったのは四死球の数で藤浪投手はたったの二つしか与えて

ないんです。

田端　この差も一つ勝負を分けた大きなポイントでしたね。

――結果、大谷投手は8回⅔を投げてマウンドを降りているんですが、そこまでで放った球数が173もあるんです。

田端　今だったら問題視されていますよね、確実に（笑）。

――というか「大阪桐蔭が投げさせた」と言ったほうが正しいと思います。あの試合、フルカウントになるケースがかなり目立っていたんですよね。

田端　やっぱり後半勝負って言っていましたから、僕らも作戦的には多く投げさせようと。際どい球は見たり、カットしたりとかそういう努力はしていましたからね。

――田端さんは甲子園ではこの試合と夏を合わせて計3本のホームランを放っていますが、一番印象に残っているのは大谷投手からの一発になるんでしょうか？

田端　やっぱり大谷投手からの一発ですね。もう甲子園の初戦というのがデカすぎて……。あれが甲子園で何回も試合をしているうちの一つだったらあまり印象に残っていないかもしれないんですけど、初めての甲子園の1試合目でしかも相手投手が大谷翔平。そこでホームランが打てたので、そういう意味ではかなり印象に残りましたね。あのときの映像が残っているか分からないんですけど、ホームラン後に「オッシャー！」みたいな声を出しているんですよ。多分、あんなに叫んだのは大谷投手のときだけなので、それぐらい気合入っていたんですよ。それに花巻東と対戦するって決まってから、大谷投手からホームランを打つっていうことだけを目標に練習してきましたからね、僕は。対策も自分なりに立てて練習していましたから嬉しかったんですよね。

――確かにこの試合を見ていて、絶対に田端さんは大谷投手の速いストレートをスタンドに叩き込んでやろうと。間違いなくホームラン狙っているなと。

田端　しかも大谷投手との真っ向勝負、互いの全力を出し合った力勝負をしたかったんですが……。

――全打席ほぼ変化球中心の配球で、しかも執拗なまでのスライダー攻めでしたね。

田端　だからその真意を直接大谷選手に聞いたんですよ、全日本で一緒になったときに。「何でスライダーばっかりだったの?」って。そしたら、スライダーしか投げるなという指示が出ていたみたいで。僕がまっすぐに強いと分析されていたらしくて。で、変化球攻めをしようという感じで変化球しか投げなかったという話をしてくれましたね。

練習では、藤浪投手と対戦して、打ちまくりでした(笑)

――結果的にあの年の大阪桐蔭は史上7校目の春夏連覇を果たすわけですが、そのチームの4番として大活躍した田端さんが3年間対戦した投手の中で一番凄かった投手はというと？

田端　間違いなく大谷投手でしょう。状態の悪い大谷から打てなかったですからね。僕が1打席目とか2打席目、5回までに打てていたら、彼の名前は挙げなかったと思いますが、結局その段階で三振をしているので。やっぱり藤浪を抜きにするなら大谷かなと。藤浪を入れていいなら僕は藤浪と答えますね。練習のときに何回もガチ対戦をしていたので。

――そのときの対戦成績は？　かなり抑えられたことのほうが多かったんですか？

田端　いや、打ちまくりでした（笑）。藤浪とは基本、レギュラーメンバーで対戦するんですけど、投げる球とか軌道とかが分かっているから、打ててしまうんですよね、どれだけ投げる球がエグくても。だから藤浪はレギュラー陣を抑えられなかったです。

――それほど凄かった田端さんですから当然、プロ志望なのかなと。ところがドラフトを目前にしてプロ志望届を出しませんでした。何か理由があったんでしょうか？

田端　それはもう実力不足のひと言です。確かに大阪桐蔭の4番を任されましたが、当時の僕ぐらいの守備と走塁レベルだったら本当に全打席打たないとレギュラーが取れないくらいだったんです。僕は全日本にも選ばれましたが、大谷選手を筆頭にプロに進んだ選手たちはね、やっぱり別格でしたよ。

――その全日本で一緒になったときの大谷選手の思い出とかはありますか？

田端　ええっと、僕が覚えているのは、大谷と元・広島東洋カープのドラ1野手で龍谷大平安（京都）の高橋（大樹）と、浦和学院（埼玉）出身で今、東京ガスの外野手として活躍している笹川（晃平）選手。この3人が常に〝コソ練習〟というか自主練をその期間ずっとやっていましたね。逆に他の選手はみんな何もしていない（笑）。その3人だけがバットを振っていましたね。で、考えたら大谷は今メジャーで、高橋もプロ入りしている。そして笹川も社会人でまだ現役なんですよ。やっぱりそういうものなんでしょうね。別に「やれ」って言われているわけでもないですし、多分その練習が全日本のときだけやっているわけでもないんですよ。習慣だからやらないと気持ち悪いっていうのもあるんだと思いますし、そもそも普段からそういう意識なのかなと。僕は大谷選手とはプロ入り後は連絡を取っていますけれど、会ってはいないんです。でもマスコミの皆さんが報じられているような、遊びにも行かずずっと練習をしているというイメージ、そういう報道があるじゃないですか。恐らくアレ、ガチっぽいんですよね。僕が全日本で見ていた行動からするに。やっぱりそれは凄いなって思いますよね。

全日本の合宿でデッドボールのことを謝ってもらいました「折れました、折れました！」って

――ちなみにこのときの全日本の合宿で、大谷選手とは野球の話以外で何かフレンドリーな会話をした思い出はありますか？

田端　とりあえずデッドボールのことを謝ってもらいました。「折れました、折れました、折れました」ってアピールして（笑）。

――そしてこの全日本終了後に田端さんはプロ志望届を出さずに大学進学の道を選んで亜細亜大学に入学されました。ところが大学の練習に合流後、わずか3日でやめてしまったと。

田端　ガチで3日ですね。いや、3日もいなかったんじゃないですか、僕の感覚では。

――その理由を教えて下さい。

田端　キツいからやめたとかではなく、僕は小学生のころから高卒プロ入りを目指していて、そのためには甲子園に出てホームランを打てればプロに行けると思っていたんですよ。甲子

園でホームランを打った選手はみんなプロ入りしているという小学生目線でね。で、自分は出場わずか6試合で3本打ったから、もう「行ける」と思っていたんです。春の時点でも全国の高校生の中でナンバーワンの打率と打点とホームラン数で、いわば三冠王みたいなもんじゃないですか。高校でこれだけの結果を出してプロ入りが無理なら大学でこれ以上の結果を出せるという自信がなかったですね。なので、今の自分の一番いいときにプロに行けないんだったら……っていう感じになってしまったんです。自信がなかったんですね。

――一度は大学進学を決めたものの、心の中は悶々としていたのですね。

田端 そうです。もう、俺は無理やと。無理というかこれ以上の結果を出せないだろうと思ってしまいましたね。だから世間的には燃え尽き症候群と言われても仕方ないかなとも思いますが、小さいころからずっと高卒プロ入りを目指していたので、甲子園で結果を出したから、「ヨッシャ！　気持ちの整理がついた」ではなかったんです。小さいときからずっと目指していたものが無理だったので諦めたという感じなんですよね。

――そしてその後の田端さんは異色の経歴を歩むこととなります。そこからは野球への未練はまったくなかった感じですね。

田端 高卒プロ入りの夢が叶わなかったことで、もう「野球はええや」と思ってからは水道関連の仕事を半年、鉄工所の仕事を1年半こなして、正社員として月収約30万円くらいは稼いでいたんですよ。でも野球から離れて約1年半が経ったころに「何か違うな」と。

野球への再挑戦はできたので、その点では満足しています

――そこで野球界への復帰を決めたのですね？

田端 そうです。まずは関西の強豪社会人野球チームの練習に半年ぐらい参加させていただきました。日本新薬という京都のチームで、たまたま友達の叔父が監督を務めていたこともあって、すぐに連絡をしたんです。そしたら「お前、野球をやりたいんだったら練習に来い！」と言われまして、練習生として参加させていただきました。そこで結果が良ければ獲得するという話で、実は9割方入部まで行ったんです。ところがいざシーズンが始まってみると、投手陣がボロボロで……。特にエースがもう投げられなくなって、ならピッチャーを多めに獲らないといけないからってなって、その9割の話がなくなりました（笑）。

――それなら仕方ないかなっていう感じでしたか？

田端 ただ、そこまで行ったんだったらということで、たまたま専門学校が（学費）全額免除で来てくださいと。

――それが現在の日本ウェルネス大学北九州ですね。

田端　当時の名称は日本ウェルネススポーツ専門学校北九州校だったんですが、率いていた北村（潤一）監督が熱心に誘ってくださって。そこから社会人野球とか独立リーグを目指してプレーをしていましたが、結局は言い訳になりますけど、ブランクが大きすぎたのかなと。やっぱり一度背中を向けたものにまた挑んでいくということはなかなか難しいなって。でも挑戦はできたので、その点では満足していますよ。

大阪桐蔭野球部のリアルな姿をちゃんと伝えようと思ったのがYouTuberになるきっかけ

――現在はYouTuberとしても活躍されていますが、これはどういう経緯だったんでしょうか？

田端　経緯はすごく単純なんです。僕は大阪桐蔭に進学しましたが、理由の一つとして「大阪桐蔭はバッティング練習しかしません」という風に聞いていたんです。何故かというと僕は和歌山県出身なのですが、同じ和歌山でも田舎のほうの選手で大阪桐蔭に進学した選手はいたんですが、確か和歌山市内から大阪桐蔭に進学した選手は僕が何十年ぶりとかだったと。

だから情報がなかったんです。ただバッティング練習しかしないって聞いていたから、「俺はバッティングが得意だし、ちょうどいいかな」と思って行ったんですよ。そしたら死ぬほど走らされて……（笑）。「いやいやいやバッティングしかしないんじゃないの」って。「聞いていた話と違うやん！」ってなったので、これはアカンと。ということで大阪桐蔭野球部のリアルを伝えましょうという意図で始めました。リアルを言いすぎて「大阪桐蔭のメシはまずいです」とかも言っていますからね（笑）。

――それは高校側からしたら嫌な話題ですよね（笑）。

田端　でも僕はそれで苦労した人間なので、そうした大阪桐蔭野球部のリアルな姿をちゃんと伝えようと思ったんです。あともう一つ理由がありまして、僕はもう5年ぐらいオーダーメードスーツ業を営んでいるんですけど、コロナになったときにもともと経営していたバーが閉店になり、順調だったオーダーメードスーツ業も製造工場が操業停止になってけっこうしんどくなった。対面営業もできないし、営業もストップしないといけないし……っていうことでなかなかヤバかったんです。で、その状況を打破する一つの方法として約4年前くらいかな、ＹｏｕＴｕｂｅを始めました。

――ＹｏｕＴｕｂｅは弟の拓海さんと一緒にやっていますよね。拓海さんも大阪偕星学園で甲子園に出場していますよね。確か15年の夏でした。

田端　そうです。4番でキャッチャーで、僕よりもプロの注目は高かったみたいですね（苦笑）。しかもあの夏は大阪府大会準々決勝で大阪桐蔭を倒しての甲子園初出場ですよ。

――それは値打ちがありますね。

田端　その弟とはＹｏｕＴｕｂｅだけでなく、当時も今も一緒にオーダースーツの仕事をやっているというのもあるので、ならそのＰＲも兼ねてということでＹｏｕＴｕｂｅも一緒にやり始めたんです。でもスーツを売るという目的というよりは、やっぱり高校野球のリアルな姿を、大阪桐蔭のリアルな姿を伝えましょうという感じで最初はやり始めましたね。

――どちらかというと、スーツのＰＲは度外視していたと？

田端　そうなんですが、でもＹｏｕＴｕｂｅで稼ごうという気もなかったですけどね。ただただリアルを伝えたいと。それだけの気持ちで始めたんですが、楽しいですよ、今は。高校野球ファンの方と交流できることもあって、すごく道が切り開けたというか。「あっ、こっちなんかな、俺」って思っていますね。

――高校野球関連のＹｏｕＴｕｂｅをやっていく上で、やっぱり大阪桐蔭の元・4番打者で、しかも甲子園で大谷翔平からホームランを打っているという事実は大きいと思います。大谷投手と対戦したことで、自分の人生は変わったと思いますか？

田端　正直それでメシ食っていますからね（笑）。まぁ、今のは言い過ぎですけど、それはあると思いますよ。僕、個人的に表立って自慢することはないんですけど、やっぱり言っていただけるのは「大阪桐蔭で春夏連覇したよね」よりも、「あの大谷からホームランを打ったよね」のほうが多いんですよ。だから彼が凄くなればなるほど、僕の価値が上がると思っているので（笑）。

――なら当分は大丈夫ですね。ドジャースとは10年契約していますから。

田端 10年は食えますね（笑）。彼が現役を続けているうちはイケるんじゃないかなと思っています。僕、今、子供3人いるんですけど、恐らく養えますね（笑）。

大谷翔平をひと言で表すなら「努力」一文字なら「努」ですかね

――そのお子さんたちには、「パパは大谷翔平からホームラン打ったことがあるんだよ」って言っているんですか？

田端 まだちっちゃすぎるので言っても分からないかなと。ただ、男の子3人なので1人くらいは〝翔平〟の〝翔〟をつけておこうと思って、1人に〝翔〟の字をつけています（笑）。

――大谷翔平選手によって見事なまでに人生が変わったというい例だと思います。やっぱり大谷から甲子園でホームランを打ったっていうのも2人いたらあまり価値がないというか。

田端　確かにそうですね。1人しかいないっていう事実は大きいと思います。それプラス骨折もさせていただいているので（笑）、それも凄く大きいですよね。何ならネタにもできますからね。こういうフリーな活動をさせていただいているなかでは凄く大きいですよ。二つ勲章があるわけですから。

――最後に、大谷翔平という選手をひと言で表すなら、田端さんはどう表現しますか？

田端　僕はやっぱり〝努力〟ですかね。1字なら〝努力〟の〝努〟という漢字でお願いします。やっぱり全日本で一緒になったときにリアルな努力も見ましたし、人とは違う二刀流を彼だけがやっていると。それは絶対にエグいわけです。ちなみに藤浪は阪神時代に先発が多くてローテーションで回っていたときに休みが週イチかな。若い頃はその週イチの日に遊んだりしていたんですけど、それでも藤浪はしんどそうでしたからね。ピッチャーだけの役目で、しかも週に1回投げるだけ。中5日とか中6日とかのローテでしんどそうだったので、それを考えるとピッチャーもバッターもやるってヤバいと思いますよ。もうありえないことをしていると思うので、そこの努力とか食生活とかいろんな面での努力ですよね。でも多分彼はそれを努力だとは思っていない。それが普通だと思っていますよ。でも俺はやっぱりそこが他の人とは違うと。そこがね、違うと思います。

第4章

大谷翔平、高校3年生の春―夏

2012年

悪夢のような春の選抜初戦敗退から約1カ月半。花巻東は甲子園後、初の公式戦に臨んでいた。春の岩手県大会への出場を賭けた花巻地区予選である。初戦は遠野緑峰との一戦となり、10－0の6回コールドで快勝発進。なかでも〝3番・ライト〟で出場した大谷翔平は初回の裏に2ラン、6回裏にもソロホームランと1試合2本塁打を達成。3打数3安打4打点の活躍でチームを牽引した。初回の打席は一死三塁で回ってきた。内角への直球をそのバットが捉えると、打球は右中間の場外へ。4回裏にも右中間へ適時二塁打を放つと、迎えた6回裏、先頭打者で登場し再び右中間の場外へ推定飛距離１４０メートルの特大ソロアーチを描いたのだった。これで高校通算本塁打数は46本に伸ばした。ところが当の本人はいずれの打球も右方向だったことに納得していない様子。「飛んでいったけど、引っ張りが強かった。もう少しボールが速いと差し込まれていた」と試合後に反省の弁を述べたほどだ。この試合の約一週間前に行われた光星学院（現・八戸学院光星＝青森）との練習試合で右中間へ本塁打して以降、引っ張り気味だとも。「左中間への二塁打が理想」と語る大谷だったが、とはいえ、中堅１２０メートル、両翼92メートルの花巻球場で放った2本の場外特大弾は、まさに高校生離れした打球であった。

続く花巻地区の代表決定戦も花巻東は花巻農を10－0の5回コールドと圧勝。本選への出場を決めた。この試合も〝3番・ライト〟で先発出場した大谷のバットは大暴れ。1回裏、一死三塁の場面でまず二塁内野安打を放って先制。ゴロとなった打球は相手のセカンドが追いつくも、グラブを弾き、球が高く上がるほどの勢いであった。3回裏の第2打席は右太ももをかする死球だったが、4回裏の無死一、二塁では右中間に突き刺さる高校通算47本目の本塁打を放った。そして9‐0で迎えた5回裏の二死一、二塁のチャンスの場面ではセンター前への強烈な適時打で試合を決めた。この試合、大谷は6回表から登板する予定だったが、自らのバットで10点目となる適時打を放って試合は5回コールドで終了。試合後、大谷は「投げてみたかったですが、最後のセンター前が今大会で一番いい当たりだったので」と笑顔を見せた。この大会は、2試合で3本塁打を含む、6打数6安打9打点。四死球を含め、8打席連続出塁をマークと驚異的な成績を残した。

春の岩手県大会・初戦。外野手を4人態勢にする〝大谷シフト〟

迎えた春の岩手県大会初戦。相手は大東。手のつけられない打者・大谷に対し、その長打を警戒するあまり外野手を4人態勢にする〝大谷シフト〟を敷いてきた。だが、大谷は冷静だった。「外野の頭を越せばいいだけの話なんですけど、あくまでもチームのことを考えて、ヒットの確率の高いほうを選びました」と、ガラ空きとなっていた三塁ベース付近へ流し打っての内野安打をマーク。相手野手のわずかな隙間を突く、優れたバットコントロールを披露したのだ。〝3番・センター〟で出場し、登板はなかったが、新たな伝説を誕生させた。

場面は5－0と花巻東がリードして迎えた4回裏。この回の先頭打者として登場した大谷は相手のシフトには気づいていなかった。すると次打者の4番・太田知将が、「サードがいないです」と球審に指摘。このひと言で現状を知った大谷も「三塁手が出てきていないだけだと思った。そしたら、外野に4人もいました」。相手の藤野涼平三塁手が左翼線寄りにいて、通常の外野陣が左中間、右中間、そして右翼線寄りで〝ポジション〟についていた。ならば、出塁するには人がいない所に打てばいい、と大谷は流し打ち。無人の三塁に転がった球に相手ショートの伊東倫典が追いついたときにはすでに一塁を駆け抜けていた。この大谷の機転で、この回2得点。チームは計7得点で、7－0の7回コールドで初戦を突破した。大谷はこの日も4打数3安打。この試合もシフトを敷かれた第3打席まで安打を重ね、第4打席に二ゴロに打ち取られるまで、9打数9安打3本塁打、11打席連続出塁と圧倒的な打撃力を見せつけたのである。

続く2回戦では専大北上と激突。この試合は中盤まで接戦だったものの、4番・太田の2安打5打点の活躍などで、11－4の8回コールド勝ちを収める。その後、チームは準々決勝で盛岡市立を2－0で下して、ベスト8進出を決めるも、準決勝でライバル・盛岡大附の前に1－5で敗戦。このあたりから大谷は好投手に差し込まれる場面が見られ、その打撃は一気にペースダウンしてしまう。特に準決勝で敗れた盛岡大附のエース左腕・出口心海には2打数ノーヒットに封じられていた。チーム全体でも7イニングで5者連続を含む9奪三振を喫してしまう。大谷は1－3と2点を追う5回表の無死一塁で二ゴロを放ち、一塁へヘッドスライディングした。ユニホームを泥だらけにしながらのプレーに、花巻球場はドッと沸いたものの、併殺に倒れてしまう。大黒柱のガッツプレーも実らず、花巻東は1－5で敗れた。「野手として出ているので、当然のことです」と語った大谷だが、これで２０１１年春～夏～秋と県大会を制していた花巻東の県内公式戦連勝記録は、「26」で止まることに。翌日行われた3位決定戦では、3番・センターで出場した大谷が4打数3安打と活躍。9－2の8回コールドで下し、春の東北大会進出を決めたものの、県内連覇が止まったことは気がかりな要素であった。

　気がかりなことはもう一つあった。投手・大谷の状態である。あの大阪桐蔭戦では制球難とスタミナ不足を露呈。春の選抜後、大谷はフォームの崩れを修正するために、長距離走や下半身強化のウエートトレーニングに没頭し、基礎体力向上に努めていた。苦しめられてきた故障も癒《い》え、練習試合では連投も含めた投げ込みを続けていた。多い日には２００球も投げ込んだという。右ヒジが下がり、投球バランスが崩れるのを避けるために、得意のスライダーを封印した時期もあったほどだ。すべては下半身主導のしなやかなフォームを固めるため、自分のピッチングを取り戻すためだった。

「フォームが固まってきた。夏に長い回を投げられるようにしっかりやっていきたい」

すると、4月上旬に行われた光南（福島）との練習試合では9回途中で降板したものの、被安打4、奪三振12と好投するなど、ピッチングの調子を徐々に上てきた。2012年春の岩手県大会の直前には常総学院（茨城）と浦和学院（埼玉）との練習試合で登板。常総学院戦ではダブルヘッダーにフル出場し、投手としてはリリーフ登板した1試合目に最速149キロをマークし、4回を投げて7奪三振、無失点投球を披露している。打っても2試合合計で2安打3四球。痛烈な打球を放ち、存在感を見せた。

一方、浦和学院との試合では自己最速タイの151キロをマーク。2番手で登板し、5回を投げ、被安打2、失点1、自責点0という内容で、この春の選抜で8強入りした強豪に5－4で競り勝った。全球セットポジションながら、「空振りが取れたし、直球とフォークが良かった」と毎回の9三振を奪ったのである。さらに同日行われた富士市立（静岡）との練習試合では、高校通算50号となる右越え2ランを放っている。春の選抜で大阪桐蔭に初戦敗退したあとは、ここまで練習試合8試合に登板。「フォームが固まってきた。夏に長い回を投げられるようにしっかりやっていきたい」とコメントしている。

それでも3年生になってからの4月以降、春の岩手県大会を終えてまでの間で、公式戦での先発登板はわずか1。その試合は、あの大阪桐蔭戦から65日たった専大北上との県大会2回戦だった。6回を投げ、被安打1、奪三振12。3回までは無安打に抑え、三振も7つ奪う快投を見せたものの、中盤は力んで制球が乱れた。最終的には与四死球7が絡んで3失点。6回表には暴投で1点を献上する場面もあった。しかし、春の選抜で与えた四死球とは質が違っていた。大谷いわく、「スライダーやフォークで決めにいったところでストライクが入りませんでした。狙ったところに、ある程度は投げられています。ストレートもキレが上がり、回転の効いたボールを低めに集められています」。最速151キロの速球はほぼ戻っていたことに加え、冬場に覚えたフォークで三振を奪えるなど、新球のメドが立ち、夏に向けての収穫も少しだが得られたことも大きかった。残る不安はこの前年春の岩手大会1回戦（対盛岡大附戦）以来、9回完投がなく、スタミナ不足を指摘する声だった。その不安を一掃したのが、続く春の東北大会だった。

春の東北大会・初戦 約1年ぶりの公式戦〝完投〟

1回戦で利府（宮城）と対戦した花巻東は、大谷をこの春、3度目の公式戦先発マウンドに起用。大谷はその期待に見事に応えた。6回表一死から3連打で1点を失うなど、9安打されたが奪った三振は11個。ストレートは自己最速タイの151キロをマークし、課題とされていた四球もわずか二つだけ。力を抜いたバランスのいいフォームで8回を投げ、約1年ぶりの公式戦〝完投〟で、利府を8－1の8回コールドで下したのだった。この年の公式戦9試合目で、初めて投手以外を守らずに終えた試合となった。序盤は直球中心で、後半は小さく曲がるスライダーとフォークを主体とした投球を展開。1試合を1人で投げきったのは、前年（2011）春の岩手県大会準決勝、盛岡一戦で6回コールド勝ちしたとき以来のことだった。打っても4番打者として4打数2安打1打点の活躍を見せたのである。

続く2回戦の大館鳳鳴（秋田）との一戦。大谷は〝3番・ピッチャー〟として、2試合連続の先発マウンドに。打者・大谷は2打数ノーヒット、2四死球に終わったが、チームとしては7本の安打に10個もの四死球を貰い、9得点。一方の投手・大谷は7回を投げ、被安打

6、奪三振2、与四死球4、自責点1とまずまずの投球で9-1の7回コールド勝ち。9回まで投げることはなかったものの、2試合連続の完投勝ちを収めたのである。これは大谷にとって、高校初となる2戦連続完投でもあったのだ。

続く準々決勝は県大会の準決勝と同じ盛岡大附との対戦となった。この試合、大谷は野手に専念し、〝3番・センター〟で出場する。すると5回表の第3打席でセンターオーバーの豪快なソロホームランを放ち、これで高校通算52号本塁打としたのである。4打数3安打1打点1四死球の大活躍であった。だが、試合は花巻東がこの大谷の1本を含む3本塁打、盛岡大附も3本塁打を放つ打撃戦となり、結果、9-10で敗北。こうして夏の本番を迎える前の公式戦を花巻東は終えることとなった。

夏の岩手県大会
花巻東は盛岡大附、一関学院との3強対決臨む

夏の岩手県大会開幕直前、その優勝予想は花巻東、盛岡大附、そして2季連続県準優勝の一関学院の3強が抜きん出ていると目された。中でも7年ぶりに春の王者に返り咲いた盛岡大附は140キロ超のストレートと得意のスライダー、フォークで打者をねじ伏せる左腕エ

ースの出口心海が君臨。攻撃陣もクリーンアップの佐藤廉、二橋大地、八木亮哉を筆頭に、2アウトからでも長打2本で点を取れる強力打線が他校から恐れられていた。一関学院も強打を武器に秋春連続で県準優勝。特に1番から5人並ぶ右打者は右打ちがうまく、連打でビッグイニングを作れる強みがあった。投手陣は制球のいい左腕エースの鈴木匡哉と春に台頭した大型2年生右腕の白鳥翔が中心。この2人をプロ注目の強肩強打の捕手・佐野洋樹が巧みにリードし、侮れない存在となっていた。果たしてこの2校を花巻東はどう切り崩すのかに注目が集まっていた。

いよいよ迎えた夏の岩手県大会。花巻東は2回戦から登場し、宮古水産と対戦。大谷は〝3番・センター〟で先発出場、その初回の第1打席でいきなり結果を出す。1回裏、無死二、三塁。カウント2－2からの5球目だった。「打ったのは変化球。打球の回転がよくなかったので入るかわからなかった」と試合後に語った大谷。だが、見つめていた打球は吸い込まれるように右翼フェンスを越え、高校通算56号の先制3ランホームランとなったのだ。この試合、大谷は2打数1本塁打。3打席からはベンチに退いたものの、試合開始直後のいきなりの一発で打線に火がついた。計12安打で12得点。5回コールドの快勝発進を切ったのである。

大谷のこの夏の初登板は3回戦の水沢工戦となった。9－1と8点をリードした7回裏にセンターの守備からマウンドへ上がる。救援で登板し、1回を投げて無安打無失点。マウンドに上がった大谷はひたすらストレートを投げ込んだ。先頭打者の5番・山路を150キロで空振り三振に仕留めたあとの6番・中川への初球だった。うなりを上げた剛速球は153キロをマークしたのだ。なんと自己最速を2キロも更新。結果、150キロ台を6球もマーク。打者3人に投げ、無安打、奪三振1、与四球1。四球で出した走者は、すかさず牽制球で刺した。それでも試合後には、「力を入れたときに球がバラつく。そういう部分をしっかりしたい」と反省している。打っても3番打者として、3打数2安打2打点。前の試合に続く本塁打は飛び出さなかったが、1回一死二塁から中前安打。6回一死二塁からは、左越え適時二塁打と快音を響かせた。チーム全体でも計15安打を放ち、9得点と相手を圧倒しての7回コールド勝ち。2試合連続のコールド勝ちでチームは完全に波に乗った。

4回戦は伊保内《いぼない》との一戦である。大谷は〝3番・センター〟でスタメン出場し、2打数1安打1四球。6－0とリードして迎えた4回裏に先頭打者として登場し、中越え三塁打を放って途中交代となっている。このカードは降雨の影響で2回も順延。日程が変更され、3日連続で4回戦、準々決勝、準決勝を行うことになっていたからだ。試練の3連戦となったが、「連戦の練習をしてきたので、自分たちが一番有利です」とキッパリ。すでに練習試合で3日連続登板を経験し、強い自信を大谷は持っていた。チームはこの日も9安打を放ち、10－

0の5回コールドと、3試合連続のコールド勝ち。この3試合、投手陣も最速141キロの右横手・山根大幸、左腕の小原大樹、そして右腕の佐々木毅と先発した3人がここまで失点わずかに1と安定した投球を披露。そしてこの翌日に控えている準々決勝では大谷の先発が予想された。その前々日は約30球の投球練習、前日はノースローで調整していた。万全の態勢で大谷は盛岡四戦に臨めるのだ。果たして大谷の先発はあったのか？

注目の準々決勝、花巻東の先発は大谷ではなく、左腕の小原であった。試合は盛岡四の先発の右横手投げ・長鈴悠平との投手戦となる。0－0で迎えた5回表、花巻東は相手エラーでつかんだチャンスに4番・太田の2点適時打で先制。盛岡四の長鈴は2点を取られた5回表以外はほぼ完璧な投球を展開し、再三のチャンスで打席に入っていた大谷も凡退に終わっていた。すると2－0とリードしていた8回裏だった。花巻東は先発の小原が一死一塁とピンチを招くと、センターから大谷がマウンドへ。この夏、2度目の登板を果たすと、最速151キロをマーク。変化球も解禁し、1回⅔を無安打2奪三振ピッチングで試合を締めた。一方でこの試合、3番に入っていた打者・大谷は先頭バッターとして登場した8回表に放ったヒット1本のみ。4打数1安打だったが、チームは9回表にも9番・佐々木隆貴の適時打で1点を追加して、3－0で勝利したのであった。

準決勝・一関学院戦。
この夏、大谷が初先発

この翌日、いよいよベスト4が激突する。花巻東の相手は3強の一角とされた一関学院である。この強敵相手に、先発投手は当然、大谷が予想された。だが、この夏の大会で大谷は先発登板がなく、リリーフ登板した2試合で投げたイニングはわずか2回⅔で球数も32球にとどまっていた。それでも大会前に行われた練習試合では、9回完投が数試合あるなど、夏の連投を想定した練習を積んできていた。もはやスタミナ面の心配は解消されつつあり、先発や長いイニングの登板にも不安はなかった。制球難も克服し、コントロールも安定している。さらに春の東北大会では、1回戦、2回戦とコールドゲームではあったものの、高校初の2戦連続完投も経験し、連投の不安も解消済みとなっていた。最速153キロ右腕は最後の夏に向けて、まさに順調に歩みを続けてきたのである。そしてその進化がこの試合で一気に加速することとなる。

試合は一関学院の先攻、花巻東の後攻で幕を開けた。花巻東のマウンドには果たせるかな、大谷の姿があった。この夏の初先発である。そしてその初回に意外な展開が待っていた。簡単に2つのアウトを取ったものの、3番・阿部悠斗に初球をレフト前に運ばれ、出塁を許すと4番・及川慧斗にはカウント2－1から甘く入った外角高めのストレートをレフトに流されてしまう。この打球はレフトを守っていた田中大樹の頭上を大きく越え、ワンバウンドでフェンスに達する当たりとなった。すると一塁ランナーの阿部が長駆ホームイン。適時三塁打を打たれたのである。大型投手にありがちな〝立ち上がりの不安〟を突かれる形となってしまった。さらに二死三塁とピンチは続く。逆に一関学院としてはこのチャンスで一気に畳み掛けたいところ。しかし、ここで大谷が踏ん張り、ホームを踏ませなかった。続く5番・鈴木匡哉を左飛に仕留め、ピンチを脱出。初回を最少失点でしのいだのである。

一方、一関学院の先発はエース左腕の鈴木）ではなく、身長186センチ、大型2年生右腕の白鳥翔であった。花巻東はこの白鳥の前に1、2回と無得点に終わる。しかし打順がひと回りした3回裏だった。まずは大谷が左中間へ同点となる適時二塁打を放つと、6番・高橋恒と7番・泉澤直樹に連続適時打が飛び出し、4－1と試合をひっくり返したのである。勢いに乗った花巻東打線は続く4回裏にも白鳥、そしてエース左腕の鈴木匡を攻め、4安打を集中。4点を追加したのだった。

逆に、守っては先発した大谷は初回から150キロ台を連発。1点を取られたあとは冷静になり力みが消えていった。チェンジアップなど変化球も駆使し、一関学院打線を手玉に取っていく。5回表まで1本のヒットも許さない無安打投球である。そしてついにその瞬間が訪れるのだ。

「最も自信のある球を思い切り投げた」電光掲示板に映し出された〝160km／h〟

場面は相手1番・佐野洋樹に久しぶりのヒットを浴び、4番・及川にフォアボールを与えて1回以来のピンチとなった6回表。二死二、三塁、打席には5番でエースの鈴木匡を迎えていた。この段階で8－1と花巻東が大きくリードしており、このピンチを抑えればコールド勝ちに大きく前進する。さらに、「ピンチのほうが、気持ちも調子も上がる」という言葉どおり、大谷のボルテージは最高潮に達していた。初球で157キロを叩き出すと154キロ、157キロ。4球目にはなんと159キロをマークし、球場中の期待は最高潮に。次の157キロを挟んでカウント3－2となった6球目に、その瞬間は訪れた。「最も自信のある球を思い切り投げた」と語る1球は内角低めへのストレート。次の瞬間、岩手県営野球場のスピードガンは高校生最速の160キロを計測したのである。電光掲示板に映し出された〝160km／h〟にスタンドは大きくどよめき、拍手が湧き起こった。この渾身の1球に、「低めに球威のあるボールがいった」と右手を握り締め、雄たけびを上げた大谷。高めの球ではなく、低めに制球された160キロは別次元のスピードだった。まったく手が出なかった一関学院の5番・鈴木匡は、ただただ見送るしかなかった。この試合で大谷は計13三振を奪っているが、これが唯一の見逃し三振。全99球中40球が150キロを超えていた。最初から最後まで、球場の視線をくぎ付けにしたと言っても過言ではなかった。

試合は6回裏にも1点を追加した花巻東が9－1の7回コールド勝ちで決勝戦に進出。大谷は7回を投げ、完投。被安打3、奪三振13、与四死球4、失点1。打っては3回裏に初回の失点を帳消しにする同点の適時二塁打を放つなど、3打数2安打1打点1四球でこの大会通算で14打数7安打と打撃も絶好調。まさに〝怪物〟へと進化した大谷とともに、花巻東は3季連続の甲子園出場に王手をかけたのである。

決勝・盛岡大附属との闘い
大谷被弾、ホームランか、ファウルか

160キロの衝撃から1週間後、ついに決勝戦の日がきた。雌雄を決する相手は県内最大のライバル校・盛岡大附。春の岩手県大会、春の東北大会と続けて連敗した因縁の相手だ。しかし、この2試合はともに大谷の登板はなし。花巻東にとっては絶好のリベンジの舞台で

投手・大谷を万全の状態で先発マウンドへ送り出したことになる。対する盛岡大附も投手・大谷抜きの花巻東に連勝しても本当の勝利とは言えなかった。投手・大谷を攻略してこその甲子園出場に意味がある。互いの意地と意地が激しくぶつかる決勝戦の幕が開いた……。

試合は先攻・盛岡大附、後攻が花巻東となった。そして2回表に試合が動く。ピッチングマシンで投手・大谷対策を徹底的にし尽くしてきた盛岡大附は二死一、三塁のチャンスをつかむと8番・千葉俊の場面でヒットエンドランを仕掛ける。ここで打って出た千葉はレフト前の適時打を放ち、見事に1点を先制したのだ。

そして続く3回表に事件が起こる。大谷は一死一、二塁のピンチを招くと、ここで打席に入ったのは4番・二橋大地だった。第1打席に二ゴロに倒れていたものの、「真っ直ぐはいける」と手応えを感じていた。それはカウント0－1からの2球目だった。大谷が投じたのは真ん中高めの148キロの速球。このとき二橋は狙い球を〝高めのストレート〟と決めていた。高めは自身で〝二橋ゾーン〟と呼ぶほど得意なコースだったからだ。その狙い球が来る。迷うことなく二橋はバットを強振。すると打球は一気に左翼ポール際へ飛び、芝生席上段に突き刺さるホームラン。花巻東を4－0と突き放す貴重な一発となったのだ。

しかし、打球はファウルとも取れる微妙な際どい当たりでもあった。三塁塁審は本塁打と判定したが、ポール付近の観客はファウルのジェスチャーを繰り返したのである。球場全体が騒然となるなか、当然のように花巻東ベンチは審判に確認を求めるため、伝令を送る。その回数は4度にも及び、試合は一時中断した。しかし判定が覆ることはなかった。この一発は大谷にとって岩手県内の公式戦での初の被弾。この一発で盛岡大附は序盤から主導権を握り、6回表にも1点を追加する。

防御率2・95、打率5割の数字を残し、大谷は、花巻東のユニホームを脱いだ

対する花巻東は盛岡大附のエース・出口の前に自慢の強力打線が沈黙し、5回裏に1点を返すのがやっと。7回で大谷が降板した瞬間、勝負の行方は決していた（8回途中から再登板）。それでも土壇場の最終回に意地の反撃。大谷自らがタイムリーを放つなど、2点を返し3－5と迫った。しかし盛岡大附のエース・出口の前に打ったヒットは散発の6安打。反撃虚しく最後の打者は中飛に倒れ、三塁ランナーだった大谷は、本塁ベース上で天を仰いだのである。

15奪三振の熱投も微妙な判定に泣き、大谷、そして花巻東の夏は岩手で終わった。「際どい当たりだったけど、そこに投げてしまった自分のせいです」と言い訳はしなかったが、こ

の打席では投げる際の悪癖が出ていた。踏み込む左足がインステップし、腕が横振りになっていたのだ。上から腕をしならせるように振って160キロをマークした準決勝の一関学院戦とは別人のようだった。この日、球速は156キロをマークしたがことごとく球が高めに浮いた。その高めの球を狙っていた盛岡大附打線に痛打を浴びたのである。大粒の涙を流しながら相手打線の実力を認め、「160キロを出すよりも、甲子園で勝って、岩手の皆さんに喜んでもらいたかった。それができなかったことが悔しい」。声の震えは最後まで止まらなかった。この日の成績は、投げては8回⅔を投げ、被安打9、奪三振15、与四死球1、失点5、自責点5。打っては4打数2安打1打点。2012年夏の岩手県大会のトータル成績は投手・大谷は4試合に登板し、18回⅔を投げ、被安打12、奪三振31、与四死球4、失点6、自責点6、防御率2・95。打者・大谷は6試合に出場して18打数9安打1本塁打7打点、打率5割だった。以上の数字を残し、花巻東のユニホームを脱いだのである。

「世界一を目指してきたので達成感はないけれど、力は出し切れた」

この後、夏の甲子園終了後の9月。大谷は4番投手兼外野手として高校日本代表チームに選ばれて、18歳以下の世界野球選手権（第25回ＩＢＡＦ Ｕ18世界野球選手権大会）に出場。投げては2試合に先発し、10回⅓を投げて被安打5、奪三振16、四死球11、自責点5、防御率4・35。打っては9試合に出場し、34打数11安打7打点（チーム最多）3三振5四死球で打率3割2分4厘をマーク。それでもチームは6位に沈んだ。痛かったのは大谷が先発した2試合をともに落としたこと。投手・大谷は予選1次ラウンドの開幕戦となったカナダ戦に先発し、最速153キロをマークしたものの、3回⅓を投げて被安打3、与四死球5、失点3で降板。延長10回、カナダにサヨナラを喫する遠因を作ってしまっていた。さらに韓国との5位決定戦で8試合ぶりに先発し、7回を投げ、被安打2、失点2。最速155キロのストレートを主体に12三振を奪う好投を見せたが、打線の援護がなく0－3で敗戦。先発野手8人が8月の韓国プロ野球のドラフト指名を受けた強力打線を相手に、12三振の力投も、一方で6四死球と荒れた内容もその時点での実力と正直に受け止めた。「国際大会を経験してある程度、自分のレベルが分かった。外国人は当てにこないし、力勝負ができて楽しかった。世界一を目指してきたので達成感はないけれど、力は出し切れた」とのコメントを試合後に残し、高校最速160キロ右腕の高校野球生活は完全に幕を降ろしたのである。

証言

鈴木匡哉

一関学院

大谷翔平の高校最速160キロを体験・体感した選手

大谷翔平、高校3年生の夏
県大会・準決勝、一関学院戦。
ピッチャー大谷の投球は160キロに達した。
そのとき、バッターボックスに立っていたものから見た大谷翔平とは

885

鈴木匡哉（すずき・まさや）

1994年生まれ。宮城県出身。左投げ左打ち。中学生時代に塩釜中央シニアでプレーしたのち、高校は岩手県の一関学院に進学。高校2年生の秋からエースナンバーを背負った。高校卒業後は福岡県にある社会人野球チーム・JR九州に所属し2022年まで10年間現役でプレー。引退後の現在は福岡市東区にある香椎駅の駅員として、主に営業の業務に従事している。

――まず、大谷翔平という存在を認識したのはいつぐらいなんでしょうか？

鈴木匡哉（以下、鈴木） 僕は中学時代にシニアっていう中学生を対象にした硬式野球チームに入っていまして、そのときに初めて知ったような感じですね。

――当時、直接対戦は？

鈴木 あります。大谷選手は岩手県内にある一関シニアに所属していて、僕は地元の宮城県にある塩釜中央シニアに所属していました。ですので県をまたぐ形でよく練習試合をしていました。当時の大谷選手はかなり細かったイメージがあるんですけど、そのときから打つのも凄かったですし、投げる球も速かったです。

――その当時の鈴木さんのポジションと打順は？ やっぱりエースで4番だったんですか？

鈴木 エースでしたが、打順は4番ではなかったです。ただ、打撃も別に悪くはなかったので、クリーンアップの一角を任されてはいました。

大谷翔平も一関学院に来ると思っていました

――チームの主軸を担っていたわけですね。高校野球関係者からは将来有望な選手として見られていたと思うんですが、そんな鈴木さんが高校は一関学院に進学。宮城県から岩手県の高校に越境入学された理由を教えてください。

鈴木　もともと僕のシニアの監督が一関学院出身なんですよね。そういう経緯もあり、一応特待生で誘っていただけたような感じですね。

——高校進学の際、大谷選手は鈴木さんのように県外の高校に行くんじゃないかっていう噂があったようなんですが、鈴木さんは知っていましたか？

鈴木　いやそれは初耳です。むしろ一関学院に来るって聞いていましたね、当時は。だから大谷と〝同級生〟になれそうだと密かに期待を寄せていました（笑）。

——その後、どうやら大谷選手は花巻東に進学したらしいという噂が流れたりしたんでしょうか？

鈴木　ああ、ありましたね。ただ、僕はもう岩手の高校に行くってなっていたので、そちらの情報をかなり集めていたんですよね。その同じ世代にいい選手がいるのかなぁ～とか思いながら。そしたら花巻東に大谷選手が行くっていうことを小耳に挟んだんです。

——そのときの感想は？

鈴木　甲子園出場を目指すうえで、これはちょっと厳しくなるんじゃないかというのはありましたね（苦笑）。

――鈴木さんが高校入学後、公式戦で一関学院と花巻東は1年生秋（2010年）と2年生秋（11年）の岩手県大会で対戦しています。まず前者は準決勝で当たって4-3で一関学院がサヨナラ勝ち。この試合、大谷選手は先発して完投しているんですが、鈴木さんは出場したんでしょうか？

鈴木 いや、この試合僕は出ていないですね。ベンチにも入っていなかったと思います。

――この試合での大谷選手の印象って覚えていらっしゃいますか？

鈴木 投手としてはもう140キロ後半は投げていたんですけど、実はそんなにバンバンみたいな感じではなかったんですよね、まだ。でも確かに球は速かったですよ。

――粗削りな感じだったとか？

鈴木 そうですね、投手としては粗削りな感じでした。

――そしてこの翌年は決勝戦で当たって、一関学院は鈴木さんが先発。ただ完投したものの、0-6のスコアでリベンジされてしまいました。この試合、花巻東の先発は同学年で同じ左腕の小原（大樹）投手だったですね。

鈴木 大谷選手は野手で出ていて、ボール球の変化球をライト前にヒット1本打たれたことは覚えているんですが、それ以外は思い出せないんです。この試合での僕と大谷選手との詳しい対戦成績は分からないというのが正直なところです。一つ言えるのは、6点差つけられて負けてしまいましたが、この時点でのチームとしての力の差はそんなになかったというイメージですね。

――逆にこの2試合以外で公式戦なり練習試合なりで花巻東と対戦したことはあるんでしょうか？

鈴木　練習試合なら3年夏の岩手県大会の前に1回やっていますね。そのときは大谷選手は投げてはいないですね。野手で出場しています。

――この年の春の選抜では大阪桐蔭の藤浪（晋太郎）投手からホームランを打つなど、大谷選手は打者としてかなりの評価を得ていたのですが、このときの練習試合での打者・大谷の成長具合を鈴木さんはどのように感じましたか？

鈴木　それで言うとですね、前年の秋から冬にかけてのところで一気に変わったような感じなんですね。身体がちょっと大きくなったんですよ。すごいトレーニングをしているというのは噂で聞いていて、そこが一番のターニングポイントだったんじゃないかなと思います。事実、春の選抜で結果を残していますし。その辺からじゃないですかね、打者としての大谷選手が変わったのは。

――これはちょっと手がつけられない打者になったぞという感じですか。

鈴木　まさにそうですね。まぁ、真っ向勝負をする必要はないのかなと考えていました。コースを丹念に投げ分けて、結果、フォアボールでもＯＫというか。対大谷選手との勝負のときはもうだいたいそんな感じでした。

――このときの練習試合の結果を教えて下さい。

鈴木 雨が降っていて……。最終的なスコアは覚えていないんですが、確かウチが勝ったと思います。

――ただ、この試合の結果云々にかかわらず、やはり花巻東を倒さないと甲子園には行けないですよね。そこで夏の岩手県大会に向けてチームで何か花巻東対策、大谷翔平対策なりを立てたと思うんですが……。

鈴木 凄く速い球が投げられる投球マシンを買ったんですよ。トップガンって言う当時、最新鋭のマシンだったと思うんですが、球速は最大で１７０キロまで出るっていう。その速い球をひたすら打ってスピードを体に覚えこませる対策はしていましたね。あとは打つにしてもバッティングピッチャーには半分の距離から投げてもらうとかもよくやっていました。

――この最後の夏の岩手県大会を前にした各チームの戦力を比較すると花巻東と盛岡大附が2強を形成していて、この2校を倒す可能性が一番高いのが鈴木さんの一関学院じゃないかと見られていましたよね？

鈴木 僕の代のときは秋も春も岩手県大会の決勝に行っているんですよね。でも秋の決勝は花巻東に、春の決勝は盛岡大附に負けているんです。なので決勝戦までは行けるっていう自信はあったんです。問題はその決勝で相手を倒せるか倒せないかっていうことだけだと思っていました、チーム力的には。

――いざ夏の大会が始まってみると、それまでケガの影響で投げていなかった投手・大谷が復活しました。当然、花巻東と対戦するまでに直に大谷投手のピッチングを見たこともあると思うんですが……。

鈴木　夏の大会の初戦のときに確か投げているんですよね。この試合のニュース映像を見ていたら150キロはもう超えているんですよ。「これはもう仕上がっているな」って思いました。

――初戦で登板した大谷選手の投球を見て、新たな対策を立てたりはしたんでしょうか？

鈴木　いや、もう先ほど話した練習をひたすらやるだけでした。花巻東と当たるまでに今できる対策をやっておこうみたいな感じでした。

僕が体感した160キロのボールは、おそらく大谷選手にとって高校時代、一番凄い球だったんじゃないかなと思います

――そしていよいよ2012年岩手県大会の準決勝で花巻東と当たることになるわけですが、投手・大谷とは計3打席勝負しています。

鈴木 1打席目、僕はレフトフライだったんです。試合が始まって、最初、僕たちが1回表に先制するんですよ。で、これはイケるぞっていうふうな感じにはなっていたんですけど、でもそこからでしたよね、やっぱりなかなかバットに当てられないんです。僕はレフトフライの後の2打席目は三振だったですね。

――このときはもう150キロがバンバン来ていたのですか？

鈴木 バンバン来ていました。あとフォークボールが良くてですね、左バッターには真っ直ぐとフォークみたいな感じで投球を組み立てていましたね。

――スライダーは？

鈴木 もちろんスライダーも投げています。ただ、僕が2打席目に空振りしたのはフォークだったんですよね。で、回が進んでいくうちに僕たちは点数を取られていってしまった。逆に大谷選手のほうは三振の山を築いていくような流れになっていました。

――そう考えるとよく初回に1点取りましたよね。あれは2アウトランナーなしから3番・阿部悠斗選手のレフト前ヒットと4番・及川慧斗選手のレフトの頭上を越えるタイムリースリーベースヒットで1点を先取しているんですが……。

鈴木　それはね、やっぱり立ち上がりだったことが大きかったと思います。もうそれ以降、結局は当たってないわけですから。もっと言うと結局、僕の3打席目ですよね。最後に僕が三振してしまうんですが、あの場面が一関学院の試合展開としては一番大きな山場になったんです。反撃するならそこだっていうところだったんですよね。

――その3打席目、例の160キロを大谷選手が出したときなんですが、確か塁上にランナーが2人いたと思います。久々に投手・大谷が迎えたピンチらしいピンチだったこともあって、ギアを一段階上げたのかなと。その結果が160キロだったと思うんですが。

鈴木　あのときはウチがツーアウト一、三塁のチャンスを迎えていました。逆に大谷選手からしたら、このピンチを抑えれば……っていう気持ちはあったと思います。ただ、この時点で1－8と7点差が開いていたっていうこともあって、彼がどういう心境だったのかは正確には分からないんですが、僕が打席に入ったとき確かに顔つきが変わったような感じがありましたよ。

――実際、高校生史上初の160キロを体感したわけですが、そのときの感覚を改めて教えて下さい。最初は「低めのボール球だと思った」と聞いています。

鈴木　僕はもう地面につくんじゃないかっていうくらいの球だと思っていたので。バッターボックスで見逃しているんですよね。球が速いのは分かっている。でもボールじゃないかなと思って見逃しているんですけど、あとで実際の映像を見ると、めちゃくちゃいい球でしたもんね。その球が浮き上がるように伸びてきて……っていう感じというか。

――恐らく大谷選手にとって高校時代、一番凄い球だったんじゃないかなと。コースといい速さといい。

鈴木　その点はまず、間違いないんじゃないかと思いますね。

――あれは4球目でしたか。159キロが出た瞬間に、もしかしたら、160キロを出すんじゃないかっていう予感みたいなものはありましたか？

鈴木　いや、それは全然考えていなかったです。157キロ、これは初球なんですけど、その157キロも僕の打席で一気に出してきたんです。で、その直後に159キロをマークしたものの、別にそこから160キロっていう数字は僕の頭にもなかったです。逆にそのときの僕はもう「全力で打たなイカンな」っていうね、ただそれだけでした（苦笑）。

――そこで打っていれば、7回コールド負けも回避できていた可能性もありますよね？

鈴木　まぁ、そうですね。僕の人生も変わっていたかもしれません（笑）。

――ちなみにそのときの球場内の雰囲気なんですが、160キロって表示された瞬間の観客の歓声はどう感じました？

鈴木　そうですね、地響きじゃないですけど、なんかこう「うわ～」ってなっていました。

もの凄く盛り上がった記憶があります。

――そしてその映像が何回も出てくるわけです。その度に鈴木さんが三振している場面が流れてしまう。

鈴木　見逃し三振している映像ですね（笑）。繰り返し使われちゃうんです（苦笑）。

打者・大谷の打球を見て「う〜ん、やっぱりまともには勝負できないだろうな」とは思っていました

――逆にここで打者・大谷について聞きます。この試合、一関学院の先発投手は白鳥翔というピッチャーでした。ただ、1－0とリードしていた3回裏に捕まって一挙に4失点。1－4と逆転されてしまいます。結果的に白鳥投手は4回に1アウトを取った段階で8本のヒットを打たれて降板。2番手ピッチャーとして鈴木さんがマウンドに上がることになりました。そこからの打者・大谷との対戦を振り返って下さい。

鈴木　2打席対戦して最初がフォアボール、次がライト前ヒットだったと記憶しています。

――最初のフォアボールはやはり慎重に投げた結果だったんでしょうか？

鈴木　僕の前に投げていたのは白鳥という1学年下の投手だったんです。フェンス直撃とか

ホームランとか打たれるタイプではなかったんです。でもこの日は2打席目にフェンス直撃の一打を食らってしまっていた。この打球を見て「う～ん、やっぱりまともには勝負はできないだろうな」とは思っていましたね。

――その次にライト前ヒットを打たれました。高校時代の打者・大谷に弱点みたいなものはなかったんでしょうか？

鈴木 う～ん、結局、この年の春の選抜でホームランを打っていたじゃないですか。けれどホームランを打ったとはいえ、バッティングよりはピッチングのほうが評価されていたんですよね、当時、全国的には。でも岩手県大会や東北大会で戦っている選手たちからすれば、「バッティングも凄い」っていうのはもう重々承知だったんです。で、どこを攻めるっていうのはなかったですけど、もうホントに〝いいバッター〟っていうイメージでしたよね。だからもし打たれてもシングルヒットだったら御の字みたいな感じだったというか。

――一方、投手・大谷ですが、3年生の夏以前だとケガに泣かされ続けたイメージが強くて、あまり投げている印象がないんですね。球は速いんですが、制球力は甘くて粗削りだなというイメージです。だから当時の投手・大谷の攻略法としてはなんとか粘って粘って、ファウル打ってファウルを打ってみたいなところから攻略の糸口が見つかったのではないかなと。

鈴木 まぁ、攻め方はそうですよね。もともと僕たちの世代ぐらいで150キロを投げる時点で凄いっていうピッチャーじゃないですか、認識的には。150キロをまず投げられるピッチャー相手だと、スピードになんとかついていかないといけないっていう方向にまずなるので。ということはその速球を強く打てるか、それ以外のボールで勝負していくかっていう話になるわけです。要は狭まっていくような感じだったんですね、攻め方が。本当に難しかったです。

僕個人としては打者・大谷ですね、やっぱりバッターのほうが凄いなと思います

――それでも次で花巻東は負けてしまって、結果的に最後の夏に大谷選手は甲子園に行けなかった。あの決勝戦の盛岡大附戦は見ていましたか。

鈴木　見ました。実際にスタンドで見ていました。

――あの試合、盛岡大附の4番を打っていた二橋（大地）選手が3回表に3ランホームランを放ちましたが、ポール際だったこともあり試合後に“疑惑のホームラン”と大騒動となってしまいます。観戦していた鈴木さんの感想を聞かせて下さい。

鈴木　僕には……ファウルに見えました。

――あのとき二橋選手が打った球は確かに速かったんですが、高めの直球でした。しかもかなり甘い球だったと記憶しています。

鈴木 やっぱりそれこそ制球の面で今ほどのコントロールはなかったというか。確かに球は速かったんですけど、でも僕たちとやった試合よりは制球力に甘さがあったんじゃないかなと。多分疲れもあったと思いますし。

――ここで鈴木さんに聞きたいのですが、同じ県内で戦ってきたライバルとして見た高校時代の大谷選手は投手と打者、どちらが凄かったですか？

鈴木 う～ん難しいですね。僕はピッチャーなので「打者・大谷」という答えになりますけど、でも試合に勝つなら、「ピッチャー・大谷」を打ち崩さないと勝てないっていうふうに考えると……う～んやっぱり難しいですよね（苦笑）。僕個人としてはバッターですね、僕がピッチャーだったので。やっぱりバッターのほうが凄いなと思います。外のボール球もライトにヒットにされるぐらいなので。やっぱりコースをついて……っていうところなんですよね。一方的に打たれまくっているっていうイメージはないですし、あまり長打とかも打たれてはいないんですけど。

――苦心のピッチングをしてなんとかシングルヒットに抑えるみたいな感じでしょうか。

鈴木 そうですね。それで打ち取れたらラッキーぐらいでっていうふうに考えていました。

プラスその前後の打者を出さないのも重要ですね。大谷もそうなんですが、あのときの花巻東の打線を抑えるのは大変でした。

野球に関してやり残したことはない 悔いはないですね

――岩手県大会の決勝で負けてしまい、最後の夏に甲子園出場を果たせなかった大谷選手は、高校卒業後、北海道日本ハムファイターズへ入団。一方の鈴木さんは社会人野球に進まれたわけですが、プロで活躍する大谷選手の姿を見て励みになりましたか？

鈴木　そうですね、それは常に思っていました。

――岩手県の高校からＪＲ九州という九州の社会人野球チームに進まれた理由を教えて下さい。

鈴木　それはですね、一関学院時代の沼田（尚志）監督が国士舘大学出身なんですけど、ちょうどその当時、ＪＲ九州で監督をやられていた吉田（博之）さんっていう方も国士舘大卒で沼田監督の同級生だったんです。その国士舘大の繋がりで、その人が推薦をしてくださって……。

――ということは、やはり社会人経由でプロ野球入りを狙っていたのですね？

鈴木 ああ、そうですね。その通りです。

――高校時代からプロのスカウトの目には止まっていたということですよね？

鈴木 はい。まぁ、スカウトの方にも多少は見に来ていただいたことがあったんです。それは自信にはなりましたね。

――つまりは社会人野球で技術なり実力を磨いて、プロ入りを目指したと。そんな社会人野球時代の思い出に残っている試合、もしくはこれがベストピッチングだという試合があったら教えて下さい。

鈴木 社会人野球って企業で仕事をしながら野球をするんですが、そこには大学からも、高校からもひと握りの選手が集まる、いわばひと握りの人たちしか行けないところなんですね。で、高卒の自分にとっては大学卒のひと握りの選手たちと同じように戦うってなると、最初、ちょっと壁があったんですよ。僕はそこで一番苦労したんです。それでも何とかイケそうだなって思ったときに左ヒジをケガしてしまった。そこから1年間リハビリで棒に振りました。当然、何回か辞めるようなタイミングもあったんですけど、試しにちょっと投げ方を変えたんですよね。投げ方を変えたっていうのはオーバースローだったのをサイドスローに変えたんです。そのときが一番の僕の分岐点というか岐路でしたね。

――というと？

鈴木　現役選手としてはだいぶベテランの域に入っていたんですが、そこでサイドスローに変えてやっと結果が残せるようになったんです。なので逆に言うとそのタイミングがもう少し早かったらなっていうのもあったんです。

――もっと早くサイドスローに変えていれば？

鈴木　変えていればっていうのもありましたし、もともとヒジの状態があまり良くなかったので。でも結局社会人では10年間やらせていただいたんです。それでもちょっとヒジが悪いってことで引退を決断しました。

――10年間ということは2022年、28歳のときに現役を引退したと？

鈴木　正確に言うと28になる年ですね。27歳で辞めていますので。

――年齢的に引退はちょっと早いかなとも思うんですが。

鈴木　でも社会人野球で10年とかいったら区切りではあるんですよね。プロ野球でいったら、10年プレーするっていうのは凄いほうに入るんですけど。まっ、社会人野球的には区切りまではできたかなっていう感じです。

――であれば、野球に関してやり残したことはないんでしょうか？

鈴木　ないです。僕に悔いはないですね。

――現役を引退した今は福岡県の香椎駅で勤務していますね。

鈴木 主に営業に従事しています。みどりの窓口で切符を売る係ですね。

――仕事をしていて苦しいことや辛いこともあると思います。そんなときに野球をやっていた経験が励みになったことってありますか？

鈴木 それで言うなら社会人時代ですかね。ＪＲ九州ってもともと厳しいって言われていたチームなんです。それでも10年現役を続けられたっていうのは今の自分の人生の糧になっていますね。

――ひょっとして勤務中に「あの鈴木さんですか？」って声を掛けられることもあるんでしょうか？

鈴木 そうですね、けっこう他のところでもいろいろと取材していただいていたんですよね。その記事を読んでくれた方から声を掛けてもらえることは多々あります。

――特に熱心な高校野球ファンは鈴木さんが載ったインタビューを読んだりしていると思うんですよ。

鈴木 なんか「テレビ見ました！」って言って来てくれる人はたまにいますね。やっぱり嬉しいですよ。

――逆に大谷選手とは会話を交わしたことはあるんでしょうか？

鈴木　ほんのちょっとだけです。球場とかでほんのちょっと。簡単に言うと挨拶程度ですね。

——大谷選手と対戦して鈴木さんの人生は変わりましたか？

鈴木　う～ん、そうですね、これ以上ない経験をさせてもらったと思っています。大谷翔平という凄い選手と同じ土俵で戦っていたっていうのは本当に財産ですし、誇りですよね。だからこれからももっともっとメジャーで活躍してほしいです。高校時代に対戦したとかはもう関係なく、一日本人、一ファンとして応援しています。いつも見ていますし、些細な情報も追ったりしていますしね。

——あの160キロを鈴木さんの打席でマークしたっていうことは自身にとっては光栄なことだったりするんでしょうか？

鈴木　それはまぁ、本当に光栄ですよね。あの大谷選手と一緒に戦えるなんて、今となってはですけど、なかなかできないので、経験としては本当に貴重だったというか、僕の財産でもあるんですよ。

——もしも〝大谷翔平〟という存在を簡単に言い表すなら、鈴木さんだったらどう表現しますか？

鈴木　もうひと言で言うなら、僕は「別格」ですね。

——「別格」ですか。それはプロの野球選手としてはもちろんそうだし、例えばそこに人間性みたいなものも入ったりしますか？

鈴木 そうですね。人間性で野球がどうのこうのっていうのはないんですけど、やっぱりそこまでを作り上げてるっていうのが、別格ですよね。ただ、野球が上手いっていうだけじゃなくて、やっぱり努力があっての、その結果だと思うので。いろんな意味でやっぱり「別格」ですよね。

――最後に今後の鈴木さんの夢、もしくは目標を教えて下さい。

鈴木 夢はちょっと……なんとも言えないんですけど、目標としては、もともとずっと野球をやっていて、引退した今は社業につかせていただいています。その社業で今まで経験していなかったことをどんどん経験したいです。もしできるなら、そこに野球の経験を生かしていければなと。そして前人未到の二刀流に挑戦しただけでなくメジャーで結果も出している大谷選手のように、自分もいろんなことにどんどん挑戦していきたいですし、吸収していきたいですね。

証言

澤田真一

盛岡大附属

大谷翔平“最後の夏”に
とどめを刺した名将

2012年夏、岩手県大会・決勝
盛岡大附属×花巻東
勝てば甲子園、大谷翔平高校野球最後の夏。
その夢を打ち砕いたのは、この名将だった —

SEIO

澤田真一（さわだ・しんいち）

1965年生まれ。岩手県出身。釜石北から東北福祉大に進学し、外野手としてプレー。卒業後は三沢（青森）でコーチに就任。89年から2年間、青森山田で野球部部長を務め、91年4月に盛岡大附に赴任して野球部監督に。95年夏にはチームを初の甲子園へと導き、以後、2008年夏までに春1回、夏6回出場も甲子園では勝利を挙げることができなかった。08年夏の甲子園終了後に勇退し、総監督に。17年の春の選抜を最後に総監督も辞し、4月1日付で同校の教頭となる。7年間勤め上げたのちの24年4月に女子高校野球・盛岡誠桜の監督に就任し、新たな場での挑戦を続けている。17年には甲子園での0勝7敗経験を元に「甲子園の負け方、教えます。」（報知新聞社）を出版。大きな話題となり、翌18年3月には人気バラエティー番組「激レアさんを連れてきた」（テレビ朝日系）に出演をしている。

――まずは中学生時代の大谷選手のことを聞きたいと思います。そのころからすでに〝大谷翔平〟という名前は高校球界にも轟いていたんでしょうか？

澤田 それはね、もう知らない人はいなかったですよ。

――何か特に印象に残っているエピソードがあれば教えて下さい。

澤田 いや、「これは中学生じゃないな」と。プレーの一つ一つが化け物だっていうね、映像を見ましたよ。他にもそういうような表現をしている人が大勢いましたしね。

――やっぱり、あの当時から打っても投げても凄かったっていうことですよね。

澤田 間違いないですね。いい子って小さいときから〝いい〟んですよ。突然変わるっていうことはまずほとんどないですから。いい子は本当に小さいころからいいです。

――それだけの逸材ですから、当然、盛岡大附も大谷選手に声を掛けたんですか？

澤田 もちろんです。声をかけない学校はないと思います。ただ、そうはいっても自分が得ていた情報では、花巻東か仙台育英（宮城）というようなことを聞いていたんですよ。もう行き先が決まっている感じなのに、ましてや仙台育英は佐々木（順一朗）さんという春夏の甲子園の準優勝監督ですし、自分より目上の方ですからね。それに花巻東はずっと大谷くんを見ていて、声をかけていたっていうことも知っていましたのでね。当然、欲しい選手ではありましたけれども、もし来てくれたらしっかりと育てますよと。だから一緒にやろうよという感じですかね。だからあまり積極的には声を掛けてはいないです。もう進学先が決まっているのにそれを変えようというようなことはできませんでしたね。挨拶に1回行った程度です。驚いたのは最終的に花巻東に行ってしまったことですね。仙台育英に行くのだと思っていたものですから。

佐々木主浩やダルビッシュ有よりも上だった、〝抜きん出ていた〟

――澤田監督の確か大学（東北福祉大）の2学年下に大魔神・佐々木主浩（元・横浜など）さんがいたと思うんです。それとダルビッシュ有（サンディエゴ・パドレス）投手が在籍していたときの東北（宮城）とも2002年の秋の東北大会決勝戦で対戦経験があります。この2人の偉大な先人と高校時代の大谷選手を比較すると、やはり大谷選手のほうがスケールが大きかった感じなんでしょうか？

澤田　高校当時の大谷くんって身長はもう190センチを超えていたのかな。当時の佐々木も188センチくらいありましたし、ダルビッシュくんも193とか4でしたからね。みんな共通して言えるのは〝大きい〟っていうことで。佐々木君、ダルビッシュ君もバッティングは良かったじゃないですか。佐々木は甲子園でホームラン打っていますしね。で、もちろん大谷くんも甲子園で、春の選抜で大阪桐蔭高校の藤波君からホームランを打っています。バッターとしての可能性が一番あったのは、やっぱり大谷くんですよね。そして、ピッチャーとしての球の速さも。佐々木も速かった、ダルビッシュももちろん速かったけれども、やっぱり160キロという数字は2人とも出していなかった数字ですからね。そういったことを考えれば、バッターとしてもピッチャーとしても抜きん出ているというか。だから、佐々木、ダルビッシュ君よりも上だと、私は事あるごとに言っていましたし、思っていました。

――逆に敵将の澤田監督から見て、いわゆる大谷選手の弱点みたいなものはなかったんでしょうか？

澤田　やっぱり　ピッチャーをやる上で大事なのはコントロールですよね。で、そのコントロールが、真っ直ぐにしても変化球にしても、まだアバウトだったというか。完成度は高くなかったですよね。やっぱり一級品になれば、ストライクからボールに、あるいは人によってはボールからストライクを取る。そのような変化球を投げる投手もいますよね。でも高校時代の大谷君はそういうレベルまでは達してなかった。つまりどういうことかっていうと、ストライクからボールになる球だと、バッターが振る場合もあるわけです。ところが投げた瞬間ボール球からボールに見える場合だと、振りません。コントロールの精度が高くなかったっていうことです。ですから、抜けてしまった高めのボールも投げていました。いわゆる危険なボールですからね。ですから、打ちやすいボールになるわけです。で、そういうような、まだコントロールがアバウトな分、もしくは変化球の精度が低い分、直球が狙われる可能性が高かったんです。

160キロを超えるボールが投げられる最新のマシンを導入 その名も〝大谷くん〟

――大谷選手、最後の夏（2012年）の話なんですが、花巻東は春の選抜で初戦敗退したとはいえ、やはり県内では強い。その強い花巻東に勝つためには投手・大谷を打たないと夏の甲子園切符はつかめない。〝打倒・大谷〟のための対策を入念にしたと聞いています。

澤田　大谷くんのあの速球を打つにはそれ以上のスピードを体感させる必要があると思いました。幸いなことに、定期的に打撃指導に来てくれていた、金澤成奉監督（現・明秀日立監督で当時は八戸光星学院総監督。澤田氏の大学時代の1学年後輩）が熱意をもって指導してくれました。本当に感謝です。そして、夏の岩手県大会が始まる前に新しいピッチングマシンを購入していただいていたのですが、そのマシンは160キロを超えるボールが投げられる最新の機械だったのです。ですから夏の岩手県大会前にはピッチングマシンを160キロに設定して選手たちにはとにかく打たせました。打てないまでも〝見る〟っていうことだけでも大切なことで、目と脳にそのスピード情報を伝えて体感して欲しかったんです。このマシンはセットすればストライクからボールになる変化球も投げられるっていう他の学校からは羨ましがられるような性能も兼ね備えていた点も幸いしたと思っています。そのマシンには〝大谷くん〟っていう名前を命名しましたよ。

――いわゆる〝仮想大谷〟みたいなことですね。

澤田　単なるバッティング練習ではなくて、キャッチャーの後ろに立たせてボールの速さや軌道を、あるいは実際に横に立たせて、ボールがベース上を通過する速さを体感させました。

――ただ、単に打つだけではダメで、打ち返さなければいけないですよね。そのためにはやはりパワーも必要だと思います。

澤田　そうです、そうなんです。

――ですから冬場にはウエートトレーニングを徹底していたと聞いています。

澤田　夏に大谷くんを倒すためにはやっぱりスピードとパワーが必要だと思いました。何としても体力とか筋力をつけないといけない。だから1～3月の3カ月の間、自分はトレーニングコーチになったつもりで体力作りを指導していました。

――その効果が出たのが春に行われている沖縄キャンプだったんでしょうか。

澤田　そうです。盛岡大附の野球部はいつも3月の終わりごろに沖縄で合宿をするのですが、沖縄の高校と練習試合をするといつもは、だいたい勝率が5割なんですね。ところが、この年の沖縄遠征では、まずほとんど負けなかったんです。沖縄は気候が暖かいっていうこともあって、もう年がら年中野球ができるじゃないですか、対する私たちの岩手県盛岡市は、3月の中旬まで雪でグラウンドが使えないってことがほとんどなんですよ。ですから、3月の終わりに沖縄遠征に行くんですが、ぶっつけ本番で沖縄に行っていたんです。それでも、ある程度の実力があったので、勝ったり負けたりの状況でしたが、この年（2012年）は全勝したんですね。しかも余裕で勝っていました。簡単に言うとコールドゲームみたいな感じです。極端なことを言うと、ホームランが7、8本出るわけですよ。

――1試合に、ですか!?

澤田　練習試合なので、9回まで試合をするんですが、常に7、8本はホームランが出てました。要はホームランを量産する圧倒的な試合内容で勝利していたので、これは凄いことになったなと。すごいチームになると。対戦相手の沖縄の先生方もビックリしていたと思いますよ。そういう背景もあって、挑んだ夏の大会でした。やっぱり長打で大谷くんを倒さなければいけないと。長打、強打で、試合を決めるのだというようなゲームプランですよね。

――ちなみに、その冬場の筋力トレーニングで一番力を入れていたものはなんですか？

澤田　いろいろやりましたが、一番やったのは鉄棒ですよ。鉄棒っていうのは懸垂ですが、懸垂にも色んな種類がありましてね。それを本気でやらせれば、これはもう間違いなく腕力がつくんですよ。本気でやらせるかどうかなんですよ。トレーニングの一環として、鉄棒を取り入れている学校は沢山あると思うんですが、本気で指導者から吸収（学ぶこと）してくれれば、必ず強くなるんです。で、特に腕の強さっていうことを考えたときに、懸垂が大事な練習だったんですけど、生徒たちが一生懸命やってくれました。ですから、大谷くんから長打を4本も打てたんじゃないかなって思います。

――確かにあの決勝戦で盛岡大附が放ったヒット9本のうち4本が長打でした。あの夏の岩手県大会はかなり打撃には自信を持っていたと考えていいでしょうか？

澤田　そうですね。それはそうだと思います。

レフト前のタイムリー、それで1点取ったっていうのがやっぱり大きかったですね

――そしてついに開幕した夏の岩手県大会なんですが、準決勝の一関学院戦で投手・大谷が

160キロを出したじゃないですか。あの瞬間はどう思ったんでしょうか？

澤田　うん。ただ、高校生なのでね、準決勝の出来が100点だとして、決勝も100点っていうことにはいかないのが高校野球ですよ。場合によってはもう50点、60点っていうこともありますからね。ですから、その日によって、もしかしたら100点が200点になるっていうことはないんですけれども、100点がMAXだとすると、あの準決勝は確かに素晴らしかったんですが、また決勝とは違いますんでね。決勝は勝ったら甲子園ですから。普通の精神状態で投げられるっていう生徒はそんなに多くないんです。しかもその準決勝の一関学院戦は大谷くん、1点取られているんですよ、初回に。ということはやっぱり立ち上がりに不安のあるピッチャーでもあったんです。そういうことを考えれば、まったく打てないピッチャーではないと。とにかくあとはストレートを待って、そのストレートを打ち込むと。そういう気持ちを持ってれば、何とか崩せるのではないかと思っていました。

――そして注目の夏の岩手県大会決勝戦です。どうしても3回表に飛び出した二橋（大地）選手（三菱重工West）の3ランホームランに話題が行ってしまうのですが……。

澤田　二橋の3ランも、ですが、なんと言ってもその前の1点ですよね。2回表に1点先制するんですけど、それは一、三塁でヒットエンドランを仕掛けて、8番を打っていた右バッターの千葉俊って子がレフト前にタイムリーを放ちましてね。それで1点取ったっていうのがやっぱり大きかったですね。

二橋選手の大谷からの3ランホームラン入学してからの日々の鍛錬が生きたんです

――そのあとの3回表、貴重な追加点となったのが二橋選手の3ランホームランでした。大谷投手のストレートに力負けしませんでした。打った球は確か高めの速球でしたよね？

澤田　そうですね、はい。二橋という選手は高めが得意な選手で、一番力が出るところなんですよ。その高めにお誂え向きの球が来たから強振。それが3ランホームランになったんです。冬からの日々の鍛錬が生きたんですよね。大谷くんの球威に対して力負けしない、そういうバッティングができた結果だと思っています。

――投手・大谷を攻略する作戦として、「低めは捨てて高めだけを狙え！」というような指示をされていたと聞きます。

澤田　当時、大谷くんは160キロを出したといっても、8割くらいの力で150キロ前後の球が低めに来たら、やっぱりなかなか打てないですよ。当たらないというか、当たっても良くて内野ゴロですから。ボテボテのゴロになってしまう。だから好投手を攻略するためには、やっぱり高めの球を狙うしかないんです。例えばノックでもね、遠くに飛ばそうと思ったら高めに上げた球を打つんですよ。ノックの上手な人はちゃんと外野まで持っていきますけど、やっぱり外野に打つ、遠くに飛ばすとなると、高めの球です。必然的にバッティングも同じでね、高めのボールを打たないと飛ばない。だからプロ野球の外国人選手なんかを見ていても強振するでしょ。「あっ、いただきます！」っていう感じで打つんですよ。それが正解です。

大谷くんを打ち崩さないと勝てない 打ち崩すっていうことは、やっぱり5点とか6点ですよね

――しかも高めに来た球って、棒球になったりすることがありますよね？

澤田　だからね、余計に打ちやすくなる。もっと言うとこの当時の大谷くんはまだ制球力がそれほど良かったわけではなくて甘い部分も目立っていた。だから〝低めは捨てる〟という好投手攻略のためのセオリーを徹底させたのです。思い描くのは真ん中より高め。その高めだけを狙って、それ以外のところは反応しなくていいと。つまりはいかに低めの球を打たないで我慢できて、高めの球をちゃんと仕留められるか。しかもファウルを打たないで、しっ

かりとフェアグラウンド内に飛ばすように仕留められれば、勝ちに繋がるってことですよね。

——あれは打った二橋選手を褒《ほ》めるしかないですね。

澤田 そうですね。ただ、二橋のホームランは事故みたいなもので大谷くんにとっては本当に不運でしかないです。それに二橋は右バッターだったのでね。大谷くんは右ピッチャーですから、そこはやはり左バッターが仕事をしないといけないんです。というのも、あのクラスの投手になってくると右バッターが打つのはなかなか難しいんですよ。特に外のスライダーがキレキレのときはね。でも、左バッターなら自分のところにスライダーが入ってくるわけだから、打てるのだと。ボールが見やすいのだから。当時の大谷君は、シンカーとか、左バッターに対して外側に逃げるようなボールは持っていませんでしたからね。基本は速い真っ直ぐと速いスライダーなので、だから余計に左バッターは打たないといけない。だからね、「お前たちが大谷を退治するんだ！」と左バッターに口を酸っぱくして言っていましたよ。そしたら小船友大っていうファーストを守っていた左バッターが2本長打を打った。何しろ大谷から2本。シングルじゃなしに長打ですよ。あとは、八木亮哉もちゃんと左バッターで打ってくれましたしね。やっぱり左バッターが打たないといけないって。それをちゃんとやってくれたんですよね。だから大谷くんは7回を終えたときに、途中で小原大樹くんにマウンドを譲ることになるんです。

――一方、守りではピッチャー、エース左腕の出口心海《しんかい》投手が好投しました。9回を完投して被安打6、奪三振3、与四球1、失点3という結果だったんですが、何か具体的に花巻東打線対策といいますか。配球などの指示はしたんでしょうか?

澤田　いや、それは何も。心海には言っていないです。この年の春の東北大会でもエース格で投げたピッチャーなんでね。努力で伸びてきた生徒で、精神的にもしっかりしていました。彼は神奈川県出身ですが、中学のときは横浜瀬谷ボーイズに所属。同チームの杉山（千春）監督の指導力は、それは素晴らしいものでした。ですから、出口心海は根性が座っていたんです。

――出口投手の特徴や長所というと?

澤田　高校生の左のピッチャーとしては珍しくフォークの精度が良かったですし、ストレートが速く、変化球の精度もまあまあ。

――記録によるとMAX146キロとありますね。

澤田　変化球でストライクが取れる。それでピッチングが楽になるのですが、ストレートが速いのでファイナルボールになるんです。ただストレート中心だったら打たれるんですけど、変化球の精度が普通の左投手より高かったっていうこと。そして、先ほど言ったフォークボールも操っていましたんでね。だから、あれこれ言わず、信じていました。

――要は試合を組み立てられる、作れるタイプのピッチャーだったと思うのですが、そうなると失点もある程度計算できますよね。この花巻東の打線相手だと、3点くらいなら取られても仕方ないとか覚悟している……みたいな感じだったんでしょうか？

澤田　いや、僕はそんなことはあんまり考えないタイプです。とにかく大谷くんを打ち崩さないと勝てないと。で、ウチのチームが打ち崩すっていうことは、やっぱり5点とか6点ですよね。1、2点では打ち崩したっていうことにはならないですから。そうするとやっぱり打ち崩す突破口はホームラン、長打なんです。あの大黒柱の大谷くんが長打を打たれたら花巻東はどうなるの？っていうことです。それをやってくれたのが生徒たちですよね。だって長打4本のうち、二橋が3ランホームラン1本ですよね。それから7番を打っていた小船がツーベース2本打っていて、5番・八木もツーベース1本。長打っていうのはやっぱりすごくチームに勢いを与えますし、裏を返せば相手チームが意気消沈してしまうっていうことに繋がりますからね。ただ長打を打つ、相手を崩すっていう、その基本をウチの打線が見事に実行してくれたっていうのと、あとはエースの出口がちゃんと9回きちっと投げてくれたと。落ち着いてね、淡々とストレートを真ん中に投げずにしっかりとコースに投げ分けてくれたっていうことが、やっぱり大きいですよね。

――本当にピンチらしいピンチって9回裏ぐらいでしたよね。5－1から2点返されて、5

―3と追い上げられた場面です。

澤田 そうです。そこぐらいですかね、ピンチというピンチは。

「打てないわけがない」とか、「真っ直ぐは仕留めろ。お前ならできるだろう」

――大谷選手のような好投手を打ち崩すためには選手たちのメンタル面をフォローすることも重要だったと思います。例えば「打てるよ」っていう前向きな言葉ですよね。試合前にはそういう言葉をかけたりしたんでしょうか？

澤田 生徒たちにベストの力を発揮させるのは、指導者の責務なので、それはもう、もちろん一番大事なことかもしれませんね。指導者はいいこと、前向きなことを言う。アメリカのスポーツ界では〝ペップトーク〟って言うんですが、短い言葉で元気にトークする。ペップトークのペップは〝元気〟〝元気を出させる〟っていうね。それを持っているか持っていないかが、やっぱりそのチームの勢いに影響しますから。だから、とにかく自信を持たせるような言葉を掛けていましたよ。「打てないわけがない」とか、「真っ直ぐは仕留めろ。お前ならできるだろう」とかね。そうすると「行きます！　大丈夫です！」って前向きなことを言うわけですよ。練習中にもね、「今、こんな速いボール見えてるなんて凄えな！」とか、「お前、打ちすぎんなよ。本番までそのいい当たりを取っておけよ‼」とかね。そういうような言葉で元気を与えるってことが大事なんじゃないでしょうかね。

――ただ、大谷投手を攻略して甲子園出場を決めたものの、本番では初戦敗退。「何やってんの？　しっかりしろよ盛岡大附！」って思った高校野球ファンは当時多かったと思います。

澤田　それはね、もう耳が痛い。本当におっしゃる通りです。やっぱりどこかで大谷くんを倒したっていう満足感というか、安心感っていうものがチーム全体に漂ってしまったかもしれません。「本番はこれからなんだぞ！」っていうような空気や雰囲気にあの短期間ではなかなか持っていけなかったっていう感じでしたね。本来なら「大谷くんを倒したんだから優勝しようぜ‼」ってならないとおかしいんですが、それがなかったんですよね。それは私の不徳の致すところだと思います。

――大谷投手を倒したことで何か満足してしまった感じだったわけですね？

澤田　そう思いますね。それが生徒にも伝播したんでしょうね。私たちが満足してしまっていた。やっぱり凄いピッチャーでしたからね。

のちに映像を確認したら、ファウルに見えましたね

――あのときの甲子園初戦の相手は立正大淞南（島根）でしたね。

澤田　試合のビデオを見たら、相手のピッチャー大したことないな、普通に打てるなっていう感じだったんです。うちの出口の力（投手としての総合的な力）を10だとすると、立正大淞南のエースだった山下真史くんは6点くらいかな。7点はないなっていう感じだったんです。でも、そういうようなことを思っている私たちがダメなんですよ。特に指導者はそう思っちゃダメなんです。「県を勝ち抜いて代表になったのだから、何かある、何かある」って思っていないと。で、やっぱり何かがあった。山下くんはストレートの外角の出し入れが絶妙で、右打者の内角へは絶対に投げてきませんでした。変化球もストライクからボールで、しかもほとんど浮くような変化球は投げてこなかったので、打っても内野ゴロにしかならなかったんです。だから彼は県大会を制したんだなって、納得しましたよね。身長は確か169センチくらい。170はなかったと記憶していますが、小さくてもコントロールの良さでエースになったんだなって。高校生にしてはもうプロ並みのコントロールでしたよ。やっぱ

りそういう投球術を持っていました。立正大淞南は強かったです。

——このあたりで聞きづらい質問をします。例の二橋選手の3ランですが、なかにはファウルではないかっていう声もあります。それでも、「あそこまで飛ばしたんだからバッターの勝ちでいい」って言う人もいます。正直なところ澤田監督はどう思いますか？

澤田　のちに映像を確認したら、ファウルに見えましたね。だから本当に、これはあまり声高に言ってはいけないことだと思うんですが、やっぱり主審、塁審含めて、ある程度力のある人がジャッジしてくれないと……とは思っています。東京なんかでは大学野球で審判をやっていた人じゃないと主審はできないとか、基準があったような気がします。岩手だとその基準が甘いというか。私、新聞にも掲載されたことがあるんですが、審判の研修を大事にして欲しいと。

——なるほど。このジャッジ以降だと思うんですが、例えば県大会の決勝戦だけでもいいからビデオ判定を導入したら……っていうような声もあるんですが。

澤田　決勝は入れるべきだと思います。夏の大会の練習にもなるので、春の県大会の決勝から導入するとか。要はそれぞれの大会の決勝戦はビデオ判定を認めるっていうようなことを統一した方がいいんじゃないかなと思いますよね。

——今はもうないですけど、セーフとアウト、フェアとファウルの判定を巡って昔はよく暴動が起きていたっていう話がありますよね。

澤田　そうそう、そういうの、ありましたよね。結局、今も昔もファンあっての高校野球っていう側面もありますし、フェアプレーの精神を謳《うた》っているのですから、そういうことを考えると全試合は無理にしても、決勝戦だけはビデオ判定を導入すべきだと思います。

大谷翔平は、〝高い倫理観を持っている人〟

――岩手県の大会では、敵として大谷選手と戦いましたが、大谷翔平という怪物と出会ったことで、澤田監督の人生にどのような影響を及ぼしましたか？

澤田　当然、壁が高いだけそれを越えるっていうのは難しくなります。ただ、その高い山を越えた瞬間の満足感とかね、達成感とかっていうものは、選手や指導者にとっては、とんでもない自信にもなるわけです。つまりは指導者もそこに向かっていくのが正しかったのだと。指導者とはいえ、やっぱり自信をもてなかったり、いろいろと試行錯誤しながらやっているし、練習とかでも言葉を選びながら指導しているはずですよね。そんな中で、〝大谷翔平〟という壁を越えたときに、日々の練習の正しさを実感するというか。例えば、さっき言ったような鉄棒ですよね。単純にそれだけではないのだけれども、すごく生徒たちにとっては大事なものだと。瞬発的に腕力を強化するには、この様々な種類の懸垂が必要なのだということを理解して彼らはやってくれたのです。そしてそこに生まれたのが、信頼感ですよね。彼らにしたら、やっぱりキツかったけどやってよかったっていう。本当に指導者と選手たちの絆が深まったっていうような感覚だったというか。そういうような高い壁を越えたときに得られるものがあるんだなっていうことは感じましたよね。

――最後の質問です。〝大谷翔平〟という存在を簡単な言葉で表現するとしたら、澤田監督はどのように表現しますか。

澤田　あれだけ身体が大きいのに、その大きさを感じさせないようなスピードや柔軟性を持っている選手って、あまりいないんですよ。そういう素質が生まれながらに備わっていたのかもしれません。一方で彼が、見えないところで努力をしているっていうことは、テレビなどの一連の報道で我々は垣間見ているわけです。そうでなければあそこまでの選手にはならないのですよね。だから身体の大きい人はいっぱいいるんだけれども、その大きい人が力をつけたらね、絶対に負けない。勝ちだっていうことを大谷くんは示してくれました。どんな人でも、誰しもみんな努力はしているんだけど、その努力を本気でやれるかどうかっていうことだと思います。大谷くんはそれがやれる稀有な選手。つまりは心から努力ができる倫理観を持っている選手だと思います。そして、誰からも愛されるような受け答えをし、万人が応援したくなるような存在であり、崇高な人間性をも兼ね備えている。だから今の彼があるのではないでしょうか。つまりはひと言で表現するのなら、〝高い倫理観を持っている人〟。

結論はここじゃないでしょうか。

証言

皆川清司

花巻東

大谷翔平と共に3年間戦い、寄り添い続けた選手

大谷翔平が出場した2度の甲子園。
球速160キロを記録した一戦。
高校3年間、大谷翔平のすべてを見続けてきた
同期選手だから見えたもの、記憶されていたこととは

写真 星川洋助

皆川清司（みなかわ・せいじ）

1994年生まれ。岩手県出身。花巻東では主に守備固め、三塁ベースコーチを担当。卒業後は国士舘大へ進学し、準硬式野球部で活躍。卒業後は医療系のコンサルティング会社に入社し、2019年の12月から保険の代理店であるTFPグループへ。現在はコンサルタント兼マネージャーとして日々、業務に励んでいる。

――まずは皆川さんが花巻東に入ったきっかけを教えて下さい。確か4～5校ぐらいから誘われたと聞いています。

皆川清司（以下、皆川） そうですね。お声がけいただいたなかで、その年に菊池雄星さんが春夏の甲子園で名を馳せていたっていうのと、私のいとこも花巻東だったっていうのもあります。花巻東は頭にはあったものの、正直、当時は別の高校に進もうかなというところはちょっとありました。

――最終的に花巻東に決めた理由を教えてもらえますか。

皆川 一番最初にお声がけいただいたのが盛岡大附属だったというのがあったので。最後いろいろと悩んでいた際に、やっぱり花巻東なら日本一を目指せるんじゃないかと。それまで岩手県勢ってなかなか甲子園で勝つことができなかったんですけど、雄星さんの代の活躍のおかげで、岩手県の高校で日本一を目指せるかもしれない！　雄星さんたちの代の方々の練習を見学させていただいたんですけど、そのときの選手の表情がすごく素敵だったんです。爽やかに、ちゃんと目を見て挨拶してくれる。そういう全体の雰囲気と、卒業した後の自分の姿をイメージしていく中で、花巻東だなって思って最終的に決断しました。

――大谷翔平という存在は中学で野球をやっているときから知っていましたか？

皆川 いえ、全く知らなくてですね、進学する前に部長の流石（裕之）先生、佐々木（洋）

監督と一緒に、説明というか、どういうチームなのかをお話しいただいたときに「実は大谷翔平くんっていうダルビッシュ有みたいなピッチャーが来てくれるから、この代は面白いと思っている」っていう話をしていただいて……それまでは知らなかったんですよね。多分それが中学3年の10月とか11月ぐらいだと思うんですけど、それで存在を知ったんです。そこからネットで〝水沢〟〝シニア〟〝大谷〟とかで調べたときに、「すらっとしていて細い。凄いイケメンだな……」って思いましたね。それが第一印象でした。

──じゃあ、直接対面したのは入学式の後ですか？

皆川　入学する1週間前ぐらいには寮生活に入るので、入寮のとき初めて見ました。

──やっぱりデカイ、大きいっていう感じですか？

皆川　大きいっていうより、本当に細長いというか。細いなっていうのと、顔も日本人顔ではないですよね。なので、流石部長先生が言っていた「ダルビッシュみたい」という表現がそのままピッタリと当てはまった印象でしたね。

──大谷選手と太田（知将）選手、この2人は同級生の中でも最初からモノが違っていたっていう感じだったんでしょうか？

皆川　そうですね。太田のことは、それこそ別の高校の練習会で一緒になって知っていたので、「とんでもないヤツだな！」と思ったんですよ。そのときからすでに他の中学生とは一味違うようなバッティングをしていたので、太田の方が印象はあるんです。かたや大谷は入学前には見たことがなかったので……。で、モノが違ったかどうかで言うと、モノは違うと思います、野球になったら。ただ、普段は本当に普通というか。ただの友達というか、そういう印象でしたね。いい友達みたいな、いいヤツっていうか。

――大谷選手は、1年生の春の段階からすでに公式戦の岩手県大会に、何試合か出ていたんですよね？

皆川 そうですね。大谷と太田はずっと出ていた印象ですね。大谷はもうそのときすでに4番を打っていたんじゃないかな。

――ただ、そのあとの1年生の夏の岩手県大会（2010年）は確かピッチャーに専念するという理由で、1試合だけ投げたと記憶しています。

皆川 そうなんです。最後の負けた試合、1試合のみに登板しています。最終回というか、最後ですね。この盛岡中央との試合は負けたんですけど、0-7だったかな。それでも最後にちょっと流れを変えてくれっていうので、大谷が出て……。ただ、もう大谷が投げる段階ではすでに7点差がついていたので、巻き返すことができず。

――じゃあ、もう試合はほぼ決まっていたと。

皆川 そうですね、そんな感じでしたかね。

――そして3年生が引退して、2年生と大谷選手、皆川さんたち1年生で新チームが結成されます。

皆川　そのときは、もうすでに主戦投手でした。というか、エースでしたよ。

――そのエース・大谷を擁しての秋の岩手県大会は3位決定戦で勝って東北大会に進出しましたが、1回戦で惜しくも敗れています。

皆川　このとき1回戦で対戦した学法福島には、自分たちのミスで足元をすくわれてしまったというような印象でした。

――取りこぼしということでしょうか。

皆川　そうです。もちろん学法福島もチームとして、まとまったいいチームでしたが、どちらかというと2回戦の相手に決まっていたシード校の光星学院（青森）が当時強敵だということで、チームとしてはどうしてもそっちを意識していたというか。学法福島戦での大谷は調子が良くて、その試合が多分そのときまでの彼のMAXで147キロを計測したんですよ。僕らはチーム全体で「あっ、調子いいな」っていう感じで見ていたんですけど、中盤で逆転されてそのまま追いつけずに負けてしまいました。スコアは3－4でした。

実は骨端線損傷という
大きなケガだったことが判明しました

――この敗戦で翌年春の選抜出場は叶いませんでしたが、続く2011年の夏には2年生主体で甲子園出場を果たしました。その前哨戦となる春の岩手大会で、県内最大のライバル校と言ってもいい盛岡大附と初戦で当たりましたよね？

皆川　1回戦で当たりましたね。あの試合はたぶん3－1とかで勝ったんですけど、大谷が相手打線をほぼ、完璧に抑えたんですよ。

――このときには6球団のスカウトが集結したと聞きました。その前で被安打3、13奪三振の1失点完投勝利を収め、この時点ですでに翌年のドラフト1位評価を獲得していました。

皆川　ああ、そうなんですね。評価に関しては、僕らは全然分からなかったんですけど、でも1位評価を受けるに値するぐらいの凄いピッチングでしたし、何よりも高いポテンシャルはあったと思うので、納得です。

――このときの春の大会では投手・大谷は4試合に登板してわずか失点2という快投でチームを2年ぶり5度目の優勝に導いています。その後に行われるはずだった春の東北大会は東日本大震災の影響のため中止に。まさに絶好調という感じでしたが、その直後に行われた練習試合に登板したときに左足を痛めて、当初は肉離れだと診断されたのですが……。

皆川　そののちに、実は骨端線損傷という大きなケガだったことが判明しました。この骨端線損傷というのは成長の過程での、要は成長痛の一種というふうに聞いていました。

――当然、投手としては夏の岩手県大会には間に合わなくなってしまいました。結果的に大谷選手と同学年の左腕・小原（大樹）投手と、同じく右腕の佐々木（毅）投手の２人が交互に先発する形で夏の甲子園を勝ち取りました。

皆川　このときの大谷は主に３番・ライトで試合に出場していました。

――この大会での記録を調べたら、ホームランこそ出なかったものの、打率４割１分２厘と打ちまくっています。守っては決勝戦の盛岡三戦の３回裏でしたか。相手の二塁ランナーをもの凄いレーザービームで本塁アウトにしていますね。

皆川　そうですそうです。どちらかと言うとバッティングよりもあのプレーの方が凄く印象に残っています。自分は１年生の秋はベンチに入っていたんですが、２年生の春・夏は外れたんです。この試合、ウチのチームは一塁側だったので、ライトスタンドで見ていたのですが、ランナー二塁というピンチの場面でライト前にヒットを打たれて……。そのときの大谷のポジショニングが結構深かったんですよね。で、ボールがライト前に抜けても全然チャージしてこない。もちろん左足が痛いからっていうのもあったと思うんですけれど、あまりにチャージしていなかったので、僕らは上から見ていて、「おいおいチャージしろよ！」みたいな声が飛んでいたんですが、そこから本塁アウトにしたのでみんな驚愕で（笑）……。あのプレーが印象的だったっていう人は、僕だけではなくてかなりいると思いますね。

当時、自己最速にあと1キロと迫る150キロを計測

――このプレーで相手チームの先制点を阻止。そして打っては3番打者として2安打を放ち、甲子園出場に貢献しました。そして甲子園初戦の対戦相手は帝京（東東京）でした。

皆川　そうですね。3年生とベンチに入っている下級生のメンバーは先に大阪に行ったんですが、そのメンバーたちはどう思っていたかは分からなかったんですが、まだ花巻に残っていた僕らはその組み合わせ結果を知って、「帝京。やべぇな」って。

――このとき注目されたポイントの一つが、果たして花巻東の先発は誰なのか？ということでした。大谷選手は岩手県大会でたった1試合しか投げていないので、先発はないだろうと。

皆川　予想通りといいますか、岩手県大会で主戦を務めた左腕の小原が先発しました。ただ、

序盤で帝京打線につかまってしまい。

——大谷選手は4回1アウトからのリリーフ登板となりました。恐らく皆川さんはスタンドから見ていたと思うんですが、「あっ、投げるのか、翔平」みたいな感じだったんでしょうか？

皆川　確か投げる準備をしていたのは分かっていたので、ファン目線で言うと、「投げるの見たいな」っていうのはありましたよ（笑）。ただ、確かにスタンドの雰囲気的には「勝負に出たな！」っていうのはありましたけどね。

——でも岩手県大会で投げていないから、体調的には万全ではなかったですよね。

皆川　そうですね、ほぼ立ち投げ状態でしたもんね。

——ただ、それでもキャッチャーの佐々木隆貴選手の二塁牽制悪送球や、サードを守っていた橘廉選手の走塁妨害とかで3点は取られているんですが、自責点は1なんですよね。

皆川　確かにそうですね、球速がやっぱり150キロ出ていたので。それを見て、自分も「ケガしているなかでこれだけやれるんだ」って思いました。当時の自己最速にあと1キロと迫る150キロを計測したんですからね。

——このときの150キロって、2005年夏に駒大苫小牧（南北海道）の田中将大（読売）投手がマークした2年生投手としての甲子園最速記録タイだったんですよ。それだけに守備の乱れが残念でした。特に5回表ですね。三塁手だった橘廉選手のプレーです。

皆川 サードを守っていた橘さんは私の1年先輩なのですが、打球は痛烈なサードゴロで、身体で止めに行ったのですが、バウンド的に合わなくて後ろに弾いてしまって……。打球を追おうと慌てて立ち上がったところに帝京の二塁ランナーの走路が被ってしまった感じでした。

――だから決して故意ではなく、本当に単なるアクシデントで……。

皆川 事故的にたまたま走路にかぶってしまったことと、しっかりアピールした相手がうまかったっていうことだと思います。

――もう一つ、花巻東にとっては不運なプレーがありました。9回裏の攻撃時の佐々木（隆）選手が送球妨害を取られた場面です。7－8で1点負けていて、1アウトから代打で出た山本英選手がレフト前ヒットで出塁しました。すると一瞬で甲子園の空気が変わって……。一般の観客も花巻東を応援し始めた。

皆川 その直後に山本さんに代走が出るんですよ。佐々木泉さんっていう1年先輩で、初球から盗塁を仕掛けたんですね。

――あのときの帝京のキャッチャー・石川選手（オリックス）の送球が凄かった。とても1年生とは思えない、絶妙な二塁への送球だったですよね。

皆川 そうでしたね。石川選手もプロに入って活躍されていますよね。今振り返っても上手でしたね。

――ただ、その石川捕手の送球を佐々木泉選手が見事にかいくぐって二塁セーフ。一打同点のチャンス。より花巻東への声援が大きくなったのですが……。

皆川　打席に入っていた佐々木隆貴は、僕の同級生なんですけれど、送球妨害を取られてアウト。セカンドに進んでいたランナーも一塁に戻されてしまいました。

あのときに、何て言うんですかね、いわゆる〝ゾーン〟に入っているような状態だったと

――あのとき佐々木（隆）選手は最初からセーフティーバントの構えをしていて、そこにアウトコースに投球が来たから、バントしようとして思わず前に出てしまった。打席から前に乗り出して石川捕手の二塁送球を邪魔したと判定されました。

皆川　そうですね。あれはちょっと僕らも悔しかったというか。そこで守備妨害を取られるかっていう。後であのプレーを見返しても、そんなに邪魔はしていないですし。だからもう、あの場面でも、冷静にしっかりアピールプレーをした相手を讃えるしかないかなと。

――盗塁に成功、1アウト二塁で一打同点のチャンスを作ったはずなのに、あのプレーで一

気に2アウト一塁になってしまって、反撃ムードが萎んでしまいました。

皆川　まぁ、流れが止まってしまったというか。あのまま判定が変わらなければ、また違う展開になっていた可能性はあったと思います。あのときバッターだった佐々木（隆）の打撃の調子も良くて、あの試合でも長打（三塁打）を1本打っていたので。

――最後は1番バッターの太田知将選手がセカンドゴロに倒れて試合が終了しました。試合終了後に大谷選手は自分のプレーに関して、何か感想を漏らしたりしていましたか？

皆川　レフトにフェンス直撃の一打を放った打席があったじゃないですか。あのときに、なんて言うんですかね、いわゆる〝ゾーン〟に入っているような状態だったと。ネクストバッターズサークルで準備しているときに「あのあたりのコースに来て、こう打つっていうのをイメージしていたら、イメージしていた通りの球が来た」っていう話は後にしていました。その話を聞いていて、僕らも、「これがゾーンというものなのかな」と。よくアスリートの方々が、ある瞬間に、ゾーンに入っていたとかっていうのは、話ではよくあるじゃないですか。だからその打席の大谷もそういう状態だったのかなっていうのは当時感じました。

――あのときの打球は確かもうちょっと上がっていたらスタンドに入っていましたよね。

皆川　本当にあと20〜30センチくらいだったかな。強烈な弾丸ライナーだったのを今でも覚えています。

僕らは翔平をもう1度甲子園のマウンドに立たせるとそれがチームの合言葉になっていました

――そしてチームは代替わりをして、大谷選手や皆川さんたちの代が中心になった新チームが結成されました。ところが左足の骨端線損傷で大谷選手は投げられない。それでも小原さんと佐々木（毅）さんの2人が投手陣の中心となって秋の岩手県大会を勝ち抜き、優勝。続く東北大会でもベスト4まで進出しました。この間、大谷選手は公式戦に打者として5試合に出場し、打率4割4分4厘という好成績を収めています。ただ、やっぱりエースナンバーとしての責任は果たせていません。多分、本人的にもこの期間ってかなり悶々としていたと思うんです。何か弱音を吐いたりとか辛い心情を吐露したりとかはありましたか？

皆川　特にそういう弱音を吐くとかっていうのは全然なかったですね。大谷は大谷で打撃で貢献すると。そして僕らは翔平をもう1度甲子園のマウンドに立たせると。それがチームの合言葉になっていて、自然に出来上がった共通認識でした。勝てば春のセンバツが決まる東北大会の準決勝で光星学院（現・八戸学院光星＝青森）に負けるんですけど、その試合で2本ホームランを打たれているんです。今、千葉ロッテにいる田村龍弘捕手に。当時、大谷は確かレフトを守っていたのですが、２本ともその大谷の頭の上を越えてレフトスタンドに叩き込まれた。それを見ていて悔しがっていたのは覚えています。この試合に負けたあとだったんですが、ちょっとチーム状況的に方向性がバラバラになっちゃって。で、チームでミーティングをした際に、大谷が「投げられなくて申し訳なかった」っていうことをみんなの前で話したりとか、涙を流したりみたいなことはありましたね。

――ただ、光星学院が秋の明治神宮大会で優勝して、東北地区の出場枠が一つ増えました。

皆川　光星学院が明治神宮大会で優勝してくれたので、２枠だった東北の選抜枠が１枠増えて三つになった。同じく準決勝で負けた青森山田との比較で選ばれたということです。

実はホームランだったっていうのが見えなくて……ずっとずっと手を回してたんですよ

――これでまた大谷選手を甲子園で見ることができるって喜んだ高校野球ファンは多かったと思います。ただ、組み合わせ抽選の結果、またも初戦の相手は強豪・大阪桐蔭。正直、「くじ運ないな」とかって思いませんでしたか？

皆川　くじ運ですか……何かあの当時は、「くじ運ないなと思ってはいけない」って考えてはいたんですけど、正直なところ内心では思っていました（笑）。組み合わせの抽選結果を知ったのが、行きの大阪までの新幹線の中だったと思うんですけど、当時、東京に遠征していて、東京から大阪まで新幹線に乗った記憶があるんです。その新幹線でテロップが流れたんですね。僕はそのとき寝ていたんですけど、隣に座っていた同級生の田中（大樹）というレフトのレギュラー選手に起こされて、「うわ、マジか〜⁉」っていう話をしました。

——しかも初日の第3試合でした。

皆川　そうです。〝春の選抜甲子園、初日から注目カードの大阪桐蔭対花巻東〟って出て、「どうする？」って言い合ったのを覚えています。あのときのキャプテンはショートを守っていた大澤永貴だったんですけど、みんなで「くじ運ないなあ」って話していました（笑）。

——ちなみに皆川さんはこのときはベンチ入りしていましたか。

皆川　はい、三塁コーチでした。

——と、いうことは2回裏に大谷選手が藤浪晋太郎投手のスライダーをライトスタンドに叩き込んだソロホームランを、三塁のコーチャーズボックスで見ていたんですね。

皆川　それが、夕方の日差しのせいで反射していて、ボールがスタンドインしたのが見えなくて……。で、ずっとずっと手を回していたんです（笑）、コーチャーボックスでずっと回していたんですが、ホームランだったたっていう（笑）。

――事前に藤浪対策を考えていたんでしょうか。

皆川 大阪桐蔭との対戦が決まってから、練習の段階で、ベンチ入りしていない谷藤（猛）っていう選手に、至近距離から全力で投げてもらっていました。特に打つことはしなかったんですけど、かなり近い距離でその球をずっと見ていたんです。そのおかげもあってか、目が慣れたんでしょうか、「（藤浪投手の球は）そう早くは感じなかった」みたいな話だったんですけど、やっぱり大谷はちゃんと打ったので、「凄いな」と思いながら見ていました。

――一方で、投手・大谷も5回を終わった段階でヒット2本しか許していませんでした。ところが後半になって一気に崩れてしまって……。あれはやっぱり秋の公式戦でまったく投げていないということで体力的にももたなかった感じなんでしょうか？

皆川 そうですね。あとはキャッチャーの佐々木（隆）から聞いた話なんですが、「もうブルペンのときからバラバラだったから、ヤベぇな」と。そして「どう声がけしてまとめようかな」っていうことを考えていたみたいです。ただ、ブルペンの様子とかは、私たちはまったく見ることができなかったので……。ケガの影響もあって、どうしても実戦が少なく、大谷のフォームがまだ完成していなかったというか。多分まとまっていなかったっていうのは一つあったと思いますね。

――5回までは相手打線を抑え込む、無失点ピッチングを展開していて、チームも2点取ってリードしていただけに、つくづく後半のピッチングが……という感じで惜しかったです。

皆川　やっぱり、なんだかんだで抑えてはいました。ただ、球数も多かったんですよ。そこは少し気にはなっていました。

——これはまずいなと思ったのは、6回表に逆転されたあたりですか？

皆川　あのときは、むしろ大阪桐蔭に対して、自分たちの力がどれぐらいあるかっていうのは、そんなに分かってなかったんです。ですから、私自身は大阪桐蔭をどうしても格上に見てしまっていたところもあって、むしろ5回ぐらいまで勝っていて、いい意味で「いけちゃうんじゃゃね」みたいなところがあったんですけどね。そんな感覚でいたら、6回表に相手の8番バッターだった笠松（悠哉）選手（ヤマハ）にツーベースを打たれて、逆転されて……。

「簡単にはいかないよな」と思った記憶があります。

——7回表には4番・田端（良基）選手に2ランホームランを打たれました。

皆川　もうそのあたりから、雰囲気的にも「立て直さないと」と。「どう立て直そうか！」っていうことしか考えられなかったです。

——ところが最終回でした。9回表に四球が二つ、死球も同じく二つ出してしまって、そこに暴投とエラーが絡んで一挙に4失点してしまいます。

皆川　そうでした。あの回はノーヒットで4点も取られてしまったんですよね。

――あの大会では花巻東は大阪桐蔭と同じように優勝候補の一角に数えられていました。それだけにあのときの守備の崩壊はどうなんだろうって思って見ていました。

皆川　確かに大会前に高評価をしていただいていたんですけど、自分たちがそこまで強い、高いレベルにあるって分からなかったんです。もちろん日本一を狙ってはいたのですが、事前にスポーツ新聞などの、外部の情報も見ていなかったので。だから大阪桐蔭戦に関しては、「あの、強い大阪桐蔭だ！」と思いながら試合をやっていたっていう感じでした。

160キロをマークして、全てがバチっとはまっている状態本当に異次元というのを感じていました

――大谷選手のピッチャーとしての能力がこの大阪桐蔭戦のあたりまでは、まだ完成されていなかった感じがするんです。そこから最後の夏の間までに一気に成長したというか。春の選抜で初戦敗退して以降なんですが、どんな練習をしていたのか覚えていますか？　特に走り込みはあまりしないっていう話は聞いたのですが。

皆川　そうですね。走り込みとかは佐々木監督の方針でそんなにしていた印象はないです。私たちは野手なのでまた話は違ってくるとは思うんですが、実際に社会人野球に進んだメン

バーとかに聞くと花巻東は走り自体は少ないって言うんです。それはそれぞれの監督の考えなので、どれが正しいということではないと思うんですけど、佐々木先生の考えは、9回を投げ抜く体力と、走り込みでつける体力とは、また別ものだという考えだったと思うんです。僕個人的にはその通りじゃないかなと思うんですけど。なので走り込みは特にしている印象はなくて。大谷の場合はめちゃくちゃ身体が細かったので、食べてウエートトレーニングをして、それからちゃんと睡眠を取って、そんな感じでした。どちらかと言うと、逆にバッティングのほうが凄かったですね。2年の秋から3年春までの間です。約2～3カ月でのバッティングの進化にはめちゃくちゃ驚きました。

――例の投げられなかったときですね。

皆川　ピッチャーの方に関しては、どんな練習をしていたのかっていうのは、自分は野手なので、練習を一緒にしていないので正直、分からないんです。ただ、本当に完成形っていう意味で言うと、3年生の夏の岩手県大会の準決勝の一関学院戦ですね。160キロをマークしたんですが、全てがバチっとはまっている状態というか。本当に異次元だと思って見ていたので。実はその前の5月ぐらいに浦和学院（埼玉）と練習試合をしたときにもほぼ完ぺきに抑えて投げ勝ったりとかしていて、そのころからかなり調子が良かったんですけど、一関学院との試合のときは本当にちょっと次元が違ったというか。

レフトスタンドにいたお客さんたちもそのタイミングでみんな、「ファウル、ファウル」って騒いでくれたんです

――そしてついに最後の夏の岩手県大会が開幕。準決勝の一関学院戦で投手・大谷は高校生最速となる160キロを叩き出して、そのニュースが日本中を駆け巡りました。世間的には、「これで決勝戦も勝って、甲子園で大谷選手が見られる」という空気になったのですが、その決勝の盛岡大附との一戦がまさかの展開となりました。何と言っても3回表に飛び出した相手4番・二橋（大地）選手の3ランホームラン。あの打球はレフトポールぎりぎりだったこともあって、「ファウルだ」という声が今でも根強いです。

皆川　当時は私もファウルだったと思ったのですが、あのあと、一番最初に抗議をしたのが自分なんです。流石部長先生に、「行ってこい」って言われて行ったんですが、判定は覆らなかった。ただ、試合後に大谷もインタビューで言っていましたが、大谷の渾身のストレートを完璧に捉えた二橋君のあの打球はすごかったですし、そもそもあの球もしっかり捉えられること自体凄いことだと思います。

――ちなみに、審判に抗議に行くときってどんな感じなのでしょうか？

皆川　正直に言うと、自分はあのホームランは実はしっかり見てなくて……。何故かと言うと野手にポジショニングの指示を出そうとノートを見ていたときに、パーンってホームラン性の打球が飛んで行ったんですね。で、気がついたら、もう二橋選手がグルっとダイヤモンドを一周している姿が目に入って、隣にいた後輩に「どういうこと？」みたいな。他のメンバーたち、特にセカンドを守っていた太田も、「違うでしょ！」っていう反応をしていたので、「何があった？」って聞いたら、「ポールの外です」と。それがホームランという判定だったみたいで、そこで理解した感じでした。たまたま隣に部長先生がいたので、「行って来い」と言われたんですね。審判の元へ向かったのですが、根拠を持って強く行けなかった自分を責めたいところもあります。やっぱりしっかり追えていなかった打球に対して、強く自信を持って主張できなかったという後悔はあります。

――審判には、「ちょっとおかしいんじゃないでしょうか？」みたいな感じですか。

皆川　でも、キャッチャーの佐々木隆が、「立ち位置が違うでしょ！」っていう話をしていたので、三塁審判も内側で見ちゃっていたみたいなんですね。レフトスタンドにいたお客さんたちもそのタイミングでみんな、「ファウル、ファウル」って騒いでくれたんです。なので、僕も「お客さんの反応を見てください」って言ったんですけどね。

大谷のストレートを完璧に捉えて多分フェンス直撃だったんです

――結局試合はあの3ランホームランが効いた形となって3－5で花巻東は惜敗してしまいます。ただ、勝った盛岡大附は夏の甲子園初戦であっけなく初戦敗退。「大谷に勝ったんだから、甲子園の初戦勝てよ！」みたいなことを思った高校野球ファンは多かったんじゃないでしょうか？

皆川 僕たちからしたら「うちに勝ったんだから」という感情はなかったです。もう純粋に「勝ってくれ！」って思って応援していましたが、残念ながら勝てなかった。当時はもちろん自分たちが甲子園に行けていないことに対して本当に悔しかったですが、盛岡大附属のことは、みんな応援していました。

――あのときの盛岡大附って甲子園に出ても初戦で負けるチームで、初出場からの連敗記録を作っています。1995年夏から2012年夏にかけて春夏通算9連敗しているんですが、これはいまだに甲子園のワースト記録なんですよ。

皆川 そうなんですね、澤田（真一）監督のときから地元の先輩たちも多くいたりして、盛岡大附属で甲子園に出た先輩たちもいました。なので個人的には甲子園に出るたびに応援していたチームで。でそのあとに関口（清治）監督になって、そんななかで世間的には騒がれている大谷翔平に勝って出場を決めたっていう状況だったので、当時の盛岡大附属の心境はもちろんわかりませんが、世間的な注目度も高かった分、当たり前にプレッシャーもあったのではないかなと思います。

――ちなみに、この盛岡大附戦で二橋選手に打たれたホームラン以外で、投手・大谷の球を完全に捉えたバッターっていたんでしょうか？

皆川　光星学院の北條史也選手（元・阪神、現在は社会人野球の三菱重工Ｗｅｓｔ）ですね。確か3年生夏の岩手県大会前、それこそ5月とか6月だったと思うんですけど、青森県まで遠征して練習試合をやったんです。私の記憶が正しければ、そのときはホームランにはならなかったんですけど、大谷のストレートを本当に完璧に捉えて、多分センターのフェンス直撃だったと思います。光星学院のセンター方向には当時、確か「１２０メートル」って木の板か何かで書かれてあったと思うんですが、そこにドンって当たって……。ホームランにはならなかったんですけど、「こんな打球打つんだ」っていうような、もう本当に真芯で捉えたとんでもない打球がフェンス直撃だったのは覚えていますね。

――確認ですが、二橋選手のホームラン以外だったら、大谷投手の投げる球を一番完璧に捉えたのは北條選手だったと。

皆川　他にもあったのかもしれませんが、私の記憶としては一番イメージに残っています。

大谷があれだけ苦戦したというか、見ていてもう本当に「あっ、打てねぇな！」って思ったのは谷地（哉耶）投手です

――逆に、打者・大谷が苦手にしていた投手というと？　話によると、2年生時の2011年秋に東北大会の準々決勝で対戦した学法福島のエース・谷地（哉耶）投手が凄くいいピッチャーだって大谷選手が褒めていたとか。

皆川　ああ、確かに。大谷があれだけ苦戦したというか。見ていてもう本当に「あっ、打てねぇな！」って思ったのは谷地くんですね。僕が見てきたなかで「翔平タイミングが合ってないな」とか、「3打席修正できずに、めちゃくちゃ詰まらされているな」って思ったのは谷地くんぐらいですかね。

――この試合は打者・大谷だけでなく、花巻東打線全体が谷地投手の前に沈黙してしまって、学法福島に1点リードを奪われたまま、終盤に突入する苦しい展開でした。何とか8回裏に追いついて……。

皆川　で、9回裏に1点取ったんです。結局、接戦のすえ、2－1で何とかサヨナラ勝ちを収めました。

「ボールの高さは彼にとって十分じゃない」僕らはもうそれは高校生のときから思っています

――大谷選手の高校時代の試合の話になると、2年生夏の甲子園の帝京戦、3年生春の大阪桐蔭戦、160キロを出した一関学院戦、そして最後に負けた盛岡大附戦の四つがよく語られているのですが、この4試合以外で皆川さんの印象に残っている試合ってありますか？練習試合でもかまいません。

皆川　大谷の印象に残っている試合はいくつかありますけど、でも、あれじゃないですかね。公式戦だったら、2年生秋の東北大会のときの準決勝です。

――ああ、光星学院との一戦ですね。

皆川　はい。あの試合が印象に残っていますね。8回だったか、9回だったかに1アウトぐらいで大谷に打席が回ってきて、パーンって打ったんですよ。その打球はポール際に飛んだこともあって、結局ファウル判定になってしまったんですけど、ホームランって言われてもおかしくないきわどい打球だったんです。２０２４年のシーズンにニューヨーク・メッツとの試合で大谷が大きいホームランを打った際に、同僚のマックス・マンシーが「ポールの高さが足りてない」みたいなコメントが記事になっていました。僕らは高校生のときからそう思っていました。もう本当にあれだけ飛ぶ打球っていうのは見たことがなくて。結果、ファウルだったんですけど、多分、１４０～１５０メートルぐらい飛んでいるんじゃないかなぐらいの飛距離でした。本当にライトポール２本分ぐらいの高さの弾道でポールの真上を飛んでいったような、それぐらい凄く印象に残っています。大谷も打った瞬間に思わずガッツポーズして一塁に走って行ったんですが、ファウル判定になっちゃいました。

――このとき、佐々木監督は抗議といいますか、アピールはしなかったんですか？

皆川　本部席にいたお偉いさんたちや大会関係者に「なぜあの判定に抗議しなかったんだ」みたいなことを言われて。それぐらい際どい打球でした。その飛距離というか、弾道みたいなものはめちゃめちゃ印象に残っているんです。一方で弾丸ライナーでホームランを打った試合が２０１２年春の東大阪大柏原との練習試合、春の選抜前ですね。「そんな漫画みたいな飛び方する？」みたいな、よく漫画でピッチャーの頭上を越えて、センターに向かってひたすら伸び続けるような打球ってあるじゃないですか。打球弾道がもうまさに漫画のようで、本当にビックリしたのを覚えています。

――だからなのか、ここまで取材させていただいた皆さん、口を揃えて高校時代の大谷選手は「投手・大谷」よりも「打者・大谷」のほうがやっぱり凄かったって言うんですよね。

皆川　多分、みんなそれを言うのには理由があって、ケガをして高校時代はあまり投げていなかったんですよね。それが一つあると思うんですが、ただやっぱり、一関学院との試合の話になっちゃいますけど、投手としてもレベルが違ったというか。大谷本人ではなく、はたから見ている僕ら自身が何かどこかで感覚がおかしいのかなって思うぐらいの球速表示が出ていたんですよ。初回から154キロが普通に出て、そこから当たり前のように157キロ表示が出て、そのうちに159キロが当たり前に出て……っていう感じになっていたんです。なので、ベンチから見ていても、何かこう感覚が。154キロの表示に対しても中盤から驚かなくなって、「あ〜あ〜、154また出した、155か、159か、おお!!」っていう感じだったんです。

――と、いうことは、「もう160キロ出しちゃうんじゃないの?」っていう空気も当然のように漂っていたんですか?

皆川　出しちゃうんじゃないかっていうか、その154キロ、155キロの表示を見ても驚かない僕らの感覚に、なんて言うんですかね、いわゆる贅沢病じゃないですけど、普通ではありえない見たことのない球速表示でも、それが当然のようになっちゃっていたんです。で、最後に160キロが出て、自分は三塁コーチャーだったので、イニング交代のときに走って行って、相手の三塁手と思わず目が合って、凄すぎて互いに笑ってしまいました。

――投手・大谷が本当に完成したのは、あの瞬間だった？

皆川　そんな感覚でしたね。本当に今までいろいろとやってきたのが、そこでバシッとはまったっていうね。

――ここでドラフト時のときの話を聞きます。あのとき、最初にメジャーリーグへの挑戦を表明していたのですが、ドラフトで北海道日本ハムから1位指名を受けて、ちょっと混乱したじゃないですか？　あのあたりの大谷選手だったり、チームメートの皆さんの反応だったり、雰囲気を教えて下さい。

皆川　特にそこに関してはなんて言うんですかね、僕らはメジャーに行くものなんだろうなって。そういうふうなプランで、もう高校卒業したら日本のプロ野球を経由せずに直接アメリカに行くと。で、もちろんマイナーからになるので、移動のバスだったり、食事もパン1枚の生活から挑戦するっていうような話は佐々木監督がみんなにしていたので、僕らはそういう感じで厳しい道を行くんだなって思っていました。本来、ドラフト会議ってプロ志望届を出した選手が指名されるのを、チームメートは待っているじゃないですか。でも僕ら、そういうのがなかったんですよね。みんなで放課後には焼肉を食べていました（笑）。そうしたら、ドラフト会議を見ていた別のチームメートから「翔平が指名されたぞ」っていう連絡があり、みんな驚いて寮に戻って、という感じでしたね。

――ファイターズは二刀流に挑戦させるという仰天プランで大谷選手を口説き落としました。皆川さんの目から見て、当時の大谷選手はピッチャーとバッター、どちらのほうが凄かったんでしょうか?

皆川　どちらが……って言うとですね、もはやどちらもやらないともったいないでしょ! っていうのはもちろんありましたけどね。でも僕個人としては、ピッチャーの大谷の方が好きだったところはありますけどね。

マウンドに立っているとき、目の色が違うので、そこはありましたね、投げたいんだろうなって

――例えば、どんなところですか。

皆川　やっぱりマウンドに立っているときとそうじゃないときって目の色が違うので。ピッチャーが好きなんだろうなっていうのは感じていました。投げたいんだろうなって。ただ、本当にこれは普通の会話での話なんですが、アメリカに行くとか、そういう進路の話以前の

話で、普通に会話していて、「どっちで行きたいの?」とかっていう話になるじゃないですか。そしたら「普通に二刀流やりたい」「投げないときは普通に打ちたいし」っていう感じですね。そのあとのふとした会話のなかでも、「どっちもやりたいんだよね」っていう話をしていたのは覚えています。でも、そのときもやっぱり前例がないので、話を聞いていた自分たちも、「凄いこと言うな」と思っていたんですけど。でも、これまでの小学校、中学校、高校の感覚で言うとそうですよね。

同級生たちで一様に話していたのは「大谷ってあんなに足速かった?」

――ところがですね。2024年のシーズンはもう一つの才能が開花したじゃないですか。メジャーリーグ史上初の〝50-50〟達成です。ここで一つお聞きしたいのは、高校時代の大谷選手の走塁についてです。

皆川 走塁技術とか、相手投手のクセを盗むとか、そういう意味での走るセンスっていうのはあったと思うんです。でも、佐々木監督もテレビの囲み取材で答えていましたが、「あれだけ走れるって知らなかった」みたいな話をされていたじゃないですか。確かに何て言うんでしょう、ケガもあり、ましてや投手でしたのであえて走らせていなかったところも監督としてはあったのかもしれないんですけど。あまり覚えていないんですが、プロに入って3年目ぐらいですかね。そのときに当時のチームメートが一様に話していたのは「大谷って、あんなに足速かった？」みたいな話で。なので、高校のときに、そんなに足が速いという印象がなかったのだと思います。打球判断とかベースランニングとか、そういう技術的なものはみんな練習していたので、試合では当たり前のようにこなしていましたけど。「大谷が足が速い」という認識は当時はなかったです。

――じゃあもう、メジャーでの盗塁数には驚きですね。

皆川　そうですね、それはみんな思っていることだと思います。

大谷は大人の視点を持って練習しているような感じかなり高い目的意識じゃないですか

――ここで野球以外のプライベートな部分の話を少しお聞きしたいと思います。大谷選手は甘いものが大好きで特にクレープをよく食べていたと聞いています。

皆川　う〜ん、甘い物好きっていうのはもちろん分かっていますけど……。プロ入り後の話になってしまうんですけど、ちょこちょこオフには一人暮らしの私の家に泊まりに来てくれたりとかしました。大谷だけでなく、同級生も何人か集まって。あと日本にいるころはよく一緒にデリバリーでハンバーガーを食べていましたね。

——ファイターズ在籍時代の話ですね。

皆川　今では食事とかもすごく気をつけているというか。まぁ、当時から気をつけていましたけど。恐らく、体重を増やしていい時期は食べていましたね。そうではない時期はちゃんと管理していると思うんですが、私の家に来ていたのはオフのタイミングだったので、そのときはあまり気にせず食べているなっていう印象でした。最近だとやっぱり食事に行っても、サプリメントを持ってきたりとか、すごく気をつけているのだと思います。

——その辺りは高校当時からやっぱり意識が違うというか。練習にしても、「数をこなせばいいや」じゃなくて、打つにしても投げるにしても自分の納得できる形で終われたら、もうそれでいい、みたいな印象があります。

皆川　そういう感じで、僕とかはライバルが10本走るなら自分は12本走れば……みたいな感じというか。もう根性論みたいな、頭で考えないで身体でやるみたいな感じだったんですけど、大谷はちょっと違かった印象です。他人とかじゃなくて、自分のイメージする投球に近づけたらそれで終わりとかただ遠くに飛ばすんじゃなくて、じゃあ打球にどういう回転をかけるか、とかですね。大人の視点を持って練習しているような感じでした。それってかなり高い目的意識じゃないですか。そういう点はすごくはっきりしていた印象がありますね。

――でも、そんな大谷選手でも5分で300球打つ練習はやっていたんですよね？

皆川 やっていましたね。5分で300球とか、1000本ティーといって、2人ペアで互いに1000本ずつひたすら打つ練習があったんですけど、みんなと同じようにそれもしっかりやっていました。

――そんな大谷選手とは、いったん野球を離れてプライベートな時間になったときでも野球の話になっていたとか。

皆川 もちろん野球の話が話題の中心にはなりますが、本当に高校生らしく、漫画もそうですし、映画だったりとか、当時はオフの日にDVDを借りたりして、みんなで見たりとかしていましたよ。

社会をもっと知りながら、大学生生活を送りたいなと思った

――さて、ここからは皆川さんの話を聞きたいのですが、まずは高校時代の話です。野球部

ではいわゆる控えだったんですが、それでも試合に出たなかで、このときの試合が自分的には一番印象に残っているという試合はありますか？

皆川 僕自身、1年生の秋からベンチに入れて頂いて、2年生に上がってからも守備固めで試合に出させてもらっていたんですけど、自身のプレーで一番の印象に残っているのは、怒られた記憶なのですが（笑）、鶴岡東高校（山形）との練習試合ですかね。二塁ランナーでまさかの隠し玉でアウトになってしまい……。まさか隠し玉なんて現実にあるとは思わないじゃないですか（笑）。見事に引っかかってしまったものの、当時は「防ぎようないだろ」と思って開き直ってベンチに帰ったところ、「怠慢プレーだ！」と当たり前ですがしっかり叱られ、その後試合中正座していました（笑）。当時は「防ぎようない」と思っていましたが、今考えると「普通引っかからないだろ」って（笑）。仮に僕が監督でも正座させると思います（笑）。

――高校卒業後は国士館大学に進学して、準硬式の野球部でした。国士館大は佐々木監督の母校ですよね？

皆川 そうですね。私も東京の大学に行きたいって思っていたので、野球ばっかりやってきたのと、あとはもう野球で自分がご飯を食べていける姿というのはイメージはできなかったこともあり。社会をもっと知りながら、学生生活を送りたいなと思ったので、硬式野球ではなく、少し時間的にも余裕のある準硬式野球を選びました。

――大学卒業後の進路は？

皆川　最初にマーケティング会社に入りました。最近上場された大きな会社で働かせて頂いて、そこから今の会社に転職しました。

――現在はどういう仕事をしているんでしょうか？

皆川　今は保険の代理店です。様々な会社の保険商品を扱いながら、損害保険や生命保険を個人のお客様、法人のお客様にコンサルティングし、お届けしています。

――営業に近いんですか？

皆川　そうですね、今は営業と、あとは後輩たちもいるので、マネージメントという立場での仕事もさせて頂きながら、今は日々、全国行き来しながら、いろんなお客様とのご縁を頂いて忙しくも充実した楽しい毎日を送っていますよ。

大谷翔平をひと言で表現するなら、〝少年〟

――大谷翔平という人物と出会って、皆川さんの人生は変わりましたか？　変わったのなら、どう変わったのでしょうか？

皆川　そうですね。変わったかどうかで言うと、何て言うんですかね。変わったって言うのも大袈裟ですけど、彼のおかげでいろんな出会いがあるなとは思っています。やっぱり彼を好きな方々、ファンがたくさんいるので。今いろんな会社の社長さんとかともお仕事のお話をさせてもらったりするんですけど、やっぱり彼の話から始まったりとかっていうのは、私としてもただただ誇らしいですし、嬉しいです。彼のおかげでいろんな出会いが広がっているなっていうのもあります。あとは、街中どこを歩いていても、山手線に乗っていても、東京メトロに乗っていても、電車のなかでもバスのなかでも、大谷翔平ってどこかにいますからね（笑）。だから、自分も頑張んないとなって。だらしのないことはできないなっていうことをいつも思っていますね。「負けられない」じゃないですけど、僕は僕のステージで、あくまで同級生として、彼に誇れるような在り方でいないといけないなっていうのはいつも思っています。

――刺激を与えてくれる存在なんですね。

皆川　めちゃめちゃ刺激になっていますね。やっぱり世間から見て、どんなにすごいと言われる存在になったとしても、同級生として対等にいたいというか。

――〝大谷翔平〟という存在をひと言で、もしくは簡潔に表現するとしたら、皆川さんはどう表現しますか？

皆川　大谷についてですよね。僕が大谷翔平をひと言で表現するなら、今もうパッと出てくるのは〝少年〟っていう言葉でしょうか。

――それは〝野球小僧〟っていう意味でしょうか？

皆川　野球小僧っていうのもそうですすし、野球じゃなくても〝少年〟というか。本当に何て言うんですかね。難しいんですけど、ちょっとガキっぽいところがあるんですよ、素の部分で。今でもメジャーのベンチでいろんな選手と戯れたり、ちょっかいを出したりとか。あんな感じが僕らからすると、「翔平だな」って思うところもあるんですね。そういう意味で、それ素の翔平は少年ですし、野球で言っても〝野球少年〟というか。本当に野球が好きで、それを突き詰めてうまくなっていったレベルですよね。例えば、漫画ってこう、あり得ないことを描くじゃないですか。でも、ありえないことを、「これどうやったらできるんだろう」って考えるのが、翔平の力というか。結果、そこに近づくプレーをしているわけですからね、本当に凄いことだと思います。

――今、ベンチでいろんな選手と戯れたり、ちょっかいを出したり……っていう話がありましたが、それはメジャーだからこそ、ああいうはしゃぎ方ができるんだと思います。逆に高校時代はそうでもなかったのかなと。

皆川 高校のときは、やっぱり雰囲気が形作られていて、ましてや一発勝負の緊迫した雰囲気なので。佐々木監督の統率があってこそなので、そんなにじゃれあうなんてことは当時はできなかったです。今こうして、アメリカに行ってからは尚更すごく「素」に近い状態で楽しそうにやっているなっていうのを見ていて感じていて……。「心から野球を楽しんでいるな」って感じることが多くて、僕らも嬉しい感情が湧き上がってくるんですよね。

Profile
上杉純也（うえすぎ・じゅんや）
1968年生まれ。和歌山県出身。1979年に尾藤公監督率いる箕島（和歌山）の活躍に感激して以降、高校野球ファンになる。早稲田大学を卒業後、業界新聞記者、出版社、編集プロダクション勤務を経て、フリーライターに。野球に加えてドラマ、バラエティ、映画、アイドル、女優、アナウンサーなどエンターテインメント系のジャンルを中心に執筆している。主な共著作に「甲子園最強の投手は誰だ?」（竹書房）、「テレビドラマの仕事人たち」（KKベストセラーズ）がある。主な著作に「甲子園あるある～春のセンバツ編～」（オークラ出版）、「夏の甲子園トリビア～47都道府県別対抗～」（ダイアプレス）、「甲子園決勝 因縁の名勝負20」（トランスワールドジャパン）、「TRICK完全マニュアル」（光進社）などがある。

Staff

企画・編集　小林淳一
カバーデザイン　金井久幸（TwoThree）
本文デザイン　川添和香（TwoThree）
DTP　TwoThree
撮影　星川洋助
編集協力　小林千寿／濱野奈美子
校閲　聚珍社

証言《しょうげん》ドキュメント
大谷翔平《おおたにしょうへい》と甲子園《こうしえん》

第1刷　2025年3月10日

著者　上杉純也

発行者　奥山 卓

発行　株式会社東京ニュース通信社
〒104-6224　東京都中央区晴海1-8-12
電話 03-6367-8023

発売　株式会社講談社
〒112-8001　東京都文京区音羽2-12-21
電話 03-5395-3606

印刷・製本　株式会社広済堂ネクスト

ISBN 978-4-06-538822-8